杭州宝石山摩崖石刻集萃

刘洁 编

浙江古籍出版社

编委会

主　编　刘　洁
副主编　王金华　张　婷
编　委　金欣园　叶　盛　王乘乘　温晓龙
　　　　郝健枫　祁姿妤　周孟圆　马　荣
　　　　陈晓瑜　霍晓彤　邱　君
摄　影　张海燕　金　菁
顾　问　沈立新

序

  物之寿无过于金石，经久不敝。然不洒扫以待，长于蓊翳草莽之间，亦有漫漶破缺之忧。西湖周边摩崖不知凡几，然著于书者，却是寥寥。摩崖石刻的价值颇多，一可见政事之修废，二可订史书之阙失，三可观书体之妍丑，四可见文风之转变，五可订诗文传本之讹误，六可据以辑录之遗文。盖现今加以搜求整理，实属必要。

  西湖北山，吴越国王钱镠亲封寿星宝石山。山不高峻，然处杭州城中北屏，乾隆皇帝也道"人文渊薮、涵濡教泽"。又兼有奇伟秀丽之景，"飞凤亭边树，桃花岭上风"。是故宝石山福泽蕴厚，古往今来，无数文人墨客在此流连忘返，留下大量摩崖题刻。尤其晚清民国之际，金石学家丁敬、阮元、赵之谦、陈希濂等咸集杭州，又有吴昌硕倾慕杭州"山川云日之助，游观登眺之美"，在西湖西泠桥畔结社，推动杭州金石考据之学兴盛，亦在西湖形成了力学好古之风。西湖群山，俯仰之间，皆可见先人访碑寻古之踪迹。

  宝石山坐西湖之畔，览一城风光，地理位置优越，造就独特人文历史之景观。其中深厚文化底蕴，湖光山色，皆摩刻于崖，存留至今，后人得以见一石而知古。细观石语，可知西湖北山兴替，可考历史演进，亦可见芸芸众生所思所念。宝石山摩崖是前人所遗之珍宝，有丰厚历史价值与出众艺术价值，承载杭州西湖绚烂之文化。

  杭州西湖风景名胜区岳庙管理处（连横纪念馆）勘理考释，集拓片与图像汇于册，补历史文献之阙如。然尽一方之力，亦不能兼全，还望后来人攈剔缺漏笔补之。成书之际蒙教于诸位先生老师，受益良多，不胜感激。

  是为序。

杭州西湖风景名胜区岳庙管理处（连横纪念馆）
党委书记、主任 刘洁
2022 年 3 月

前言

宝石山，又名巨石山、石甑山等，吴越国王钱镠封为寿星宝石山。山体由侏罗纪火山凝灰岩构成，因赭红岩石中嵌满了玛瑙状晶体，每当阳光映照时，熠熠生辉，这一神奇天然景观既是山名由来，也是新西湖十景"宝石流霞"的出处。

宝石山历史悠久。杭州本地传说中，西湖本通江海，陆羽《武林山记》就记载秦始皇南巡观钱塘江水时，曾在宝石山南麓系缆船只。北宋宣和年间，僧人思净便将这秦皇缆船石凿成了半身佛像，至今仍在。东晋道士葛洪云游至此，结庐炼丹，留下炼丹古井、初阳台等遗迹，葛岭因而成为道教胜地。五代吴越国与南宋时，杭州为都城，西湖游赏风气日盛，宝石山上游人络绎不绝，史志记载亦颇多。尽管这一时期尚无石刻存留实证，但宝石山上诸多镌刻内容都与这一时期的历史传说相关。

明清儒释道三家均在此依山造园，佛殿、道观、庵堂、亭台楼阁，不可胜数。宝石山摩崖恰兴盛于此时，自然与儒释道三家在宝石山的宗教文化活动密切相关。据勘，山中现存年代最早的摩崖石刻为明洪武自然刊"南无无量寿佛"、明正德施儒题"古石佛院"，以及明代方豪游访赏题。此后至清朝，乾隆皇帝六下江南，吟咏宝石山胜迹，又将此地金石镌刻之风推向了一个高潮。

清季民初西风东渐，杭州成为通商口岸，对外开放，后又举办了第一届西湖博览会，宝石山脚的北山街也开始大规模现代化建设。宝石山石刻鲜明地体现出这种走向现代过程中的时代特点，如来凤亭下的"在天有荣耀归帝，在地有和平喜悦归人"、石函路崖壁上刻有英文人名，都表现出中西文化的交汇。又如，民族工业大力发展，民国颜料染业商贾一路整修了葛岭，邀名流为亭台题写楹联匾额。同时传统的文人集社、宗教活动也在继续行进，以"保存金石，研究印学"为宗旨的西泠印社在西湖孤山成立，社员在宝石山踏青访古时，留下诸多石刻墨宝。

新中国成立后，宝石山纳入政府统一管理，成为西湖文化景观的重要组成部分，也是杭州市民日常生活乐于游憩的"后花园"。为了延续千年文脉、传承集体记忆，政府又陆续邀请当代书法大家在宝石山题字，如沙孟海所题"宝石山"、萧娴所题"宝石流霞"等，为湖光山色增添了时代精神与人文底蕴。

杭州的历史记忆浩浩荡荡由古入今，裹挟着各界人士在宝石山留下浓墨重彩的一笔。宝石山石刻是过去的，也是现在的，是静止的，也是活态的。它们以亘古不变之势，见证时代浮沉变迁，这便是其意义所在。

目录

序   3

宝石系

石函路区域   5

明汪文盛书"节用爱人，视民如伤"石刻   6

明张文熙题"东南一柱"石刻   8

清光绪二十一年王成瑞题"天开图画"石刻   10

清光绪三十二年陈璚书"乾坤清气"石刻   12

民国十二年"N.S.ISAACS"石刻   14

"甲S久"石刻   15

民国十七年黄元秀书"南无大日如来"石刻   16

深省子勒"吕祖百字碑"石刻   18

大石佛院区域   21

明正德十六年施儒书"古石佛院"石刻   22

清乾隆三十年御制《大佛寺题句》诗碑   24

清乾隆四十五年御制《大佛寺题句》诗碑   26

清乾隆四十九年御制《大佛寺题句》诗碑   28

清道光十九年钱熙泰题《弥勒院重建大悲阁记》碑   30

民国十三年朱剑之造弥勒佛像题记石刻 32

蛤蟆峰区域 35

明正德十五年方豪游川正洞石刻 36
明方豪题"屯霞""雪甋甦"石刻 38
明邵景尧题"倚云石"石刻 40
清末《新约》石刻 42
 "合璧"石刻 44
 "不二"石刻 45
 "擎璞"石刻 46
 "川正洞"石刻 47
沙孟海题"宝石山"石刻 48
萧娴题"宝石流霞"石刻 50
周文清题"蹬开岭"石刻 52
朱关田题"寿星石"石刻 54

宝石山造像区域 57

明洪武十四年自然刊"南无无量寿佛"石刻 58
清同治四年"湘郡蒋益澧屯军处"石刻 60
梵文六字真言石刻 63

葛岭系

抱朴道院区域 69

明万历二十二年盛可继等题"寿星岩"石刻 70
清道光三十年徐敬书"天开图画"石刻 72
民国四年葛岭山门楹联组 74
民国四年杨学洛等题宝灿亭楹联组 78
民国七年周肯堂撰寿鹤庆书"父母""天地"石刻 86
民国八年张钧衡游葛岭石刻 88

民国八年初阳台楹联组	90
民国八年翁绥琪书流丹阁楹联	92
民国十年夏敬观题葛园楹联	94
民国十二年张载阳书"枕漱亭"石刻	96
宝云亭楹联	98
"还丹古井"石刻	100
铁海道人题"流丹千古"石刻	102
华理法题"鼎炉"石刻	103
沈金妹题"人间福地"石刻	104
严丽贞题"不亚蓬瀛"石刻	105
铁海道人题"葛岭"石刻	106
梦蝶子题"葛岭仙踪"石刻	107
姬金妹题"仙岭胜境"石刻	108
倪尚益题"咫尺瑶台"石刻	109

菩提精舍区域 —— 111

民国十五年释印光撰《创建菩提精舍缘起碑记》碑	112
民国十五年吴昌硕书菩提精舍楹联	116
民国十五年喻长霖题菩提精舍楹联	118

栖霞系

紫云洞区域 —— 125

清乾隆三十年御制《紫云洞口号》诗碑	126
清乾隆三十年御制《水乐洞》诗碑	128
清乾隆四十五年御制《紫云洞》诗碑	130
清乾隆四十九年御制《紫云洞》诗碑	132
清曾国荃题"冰壶玉鉴"石刻	134
清光绪二十七年陈元浚书双灵亭楹联组	135

民国七年紫云洞山门楹联组	138
民国九年何秀峰等题紫云洞石刻	141
民国十年林尔嘉题"觉路"石刻	142
民国十六年吴昌硕周庆云诗碑	144
民国十六年黄权题"天地精华"石刻	146
民国十六年程竞民题"半生若梦"石刻	147
民国十七年许小仙题紫云洞石刻	148
民国十七年福建省高师范科第一期毕业生游紫云洞石刻	150
"云崖"石刻	151
袁昶题"石洞紫云拂襟袖"石刻	152
"洞天吟云"石刻	153
邢秀华书刘暹题紫云洞石刻	154

金鼓洞区域 157

明万历三十五年张体明题"特告"石刻	158
明万历四十六年观音岩石刻	161
清赵之谦书"名在丹台石室中"石刻	163
清嘉庆元年陈希濂题诗石刻	164
清嘉庆二年金棻题诗石刻	166
清关槐题"归来一鹤"石刻	168
清嘉庆十一年赵魏题《归云洞题名》石刻	170
清道光二十三年曹籀书《金鼓洞铭》石刻	172
清光绪二十八年程铭敬金石游金鼓洞石刻	174
民国八年张钧衡游金鼓洞石刻	176
"金果泉"石刻	178
赵世茂题诗石刻	180

黄龙洞区域　　　　　　　　　　　　183
屠子芳题"灵济侯黄龙王"石刻　　　　184
民国十四年康有为书"白沙泉"石刻　　186
民国十七年邓炽昌记大庵居士书"万花一气"石刻　　188
民国十九年佘农书"卧云洞"石刻　　189

香山洞区域　　　　　　　　　　　　191
民国二十一年王逸达书心圆镌"回头是岸"石刻　　192
民国二十五年续范亭题"尽此一报"石刻　　195

宝石系

宝石山在西湖之北,钱塘门遗址西,《咸淳临安志》记为"高六十三丈,周回十三里",现以"宝石流霞"美景著称。

宝石山顶为宝峰,即保俶塔所在。保俶塔始建于五代吴越国时期,屡建屡毁,现已为杭州地标。湖上观之,有"湖上两浮图,宝石如美人,雷峰如老衲"之奇景。保俶塔旁原有崇寿寺,即保俶塔崇寿院,《咸淳临安志》载"开宝元年钱氏建,治平中改赐今额,西湖北山尽处标以浮屠,

光緒乙酉冬月
平湖王成瑞題

觀書

節用愛人視民如傷　東南一柱

浙江中流望之最为耸出"。现已不存。

保俶塔西巉岩上有来凤亭，以宝石山形若凤，保俶塔踞其巅，宛如凤嘴，故名。清雍正九年（1731），李卫就塔下建亭，额"来凤"，增为西湖十八景之"宝石凤亭"。

山北有落星二石，曰"倚云"，曰"屯霞"，一在塔后，一在看松台下。塔西为川正洞，实非洞，为大石罅。有蹬开岭，传为钱王足迹。有蛤蟆峰，一峰三态。宝石山南麓为石佛山，有巨石名秦皇缆船石，宋思净就石镌佛，建大石佛院。

開示

石函路区域

石函路位于宝石山东麓，为东北—西南走向，东端与昭庆寺旧址隔保俶路相望，西端为断桥残雪，两侧分布有日本驻杭领事馆旧址、望湖楼、蒋经国旧居等。

石函路历史悠久，为古道，白居易《钱唐湖石记》即有记载："钱唐湖一名上湖，周回三十里，北有石函，南有笕。"旧时有桥，凿石函，上为行路，下通流水，自然成桥。

石函路短短不足百米的崖壁上镌刻有数处摩崖题刻，涉及儒释道三家学说和近现代中西交流的内容，从明代一直延续到近现代，体现了时代变迁。

明汪文盛书"节用爱人，视民如伤"石刻

释文：节用爱人，视民如伤

白泉汪文盛书

概况

石刻位于宝石山东麓石函路西侧崖壁上，为明代人汪文盛所题。石刻楷书横幅，结体内敛，中宫收紧，体势险峻，法度严谨，与山壁融为一体，古意盎然。通高1.08米，宽6.5米。

"节用爱人"出自《论语》"子曰：道千乘之国，敬事而信，节用而爱人，使民以时"，意为节约用度，爱护百姓。"视民如伤"出自《左传·哀公元年》"臣闻国之兴也，视民如伤，是其福也"，意为把百姓当作有伤病的人一样悉心照顾，形容顾恤民众疾苦。该石刻意在警醒为官者当以民为本，本固而邦宁，具有现实意义。

早期多引黄周星《竹枝词》注传该石刻为南宋贾似道书，后民国钟毓龙在《说杭州》中陈述其为明万历年间为纪念张佳胤平定杭州兵变而刻，与崖壁上另一方"东南一柱"石刻相同。现考辨石刻落款，应为"白泉汪文盛书"，刻于明代。

相关人物

汪文盛,字希周,号白泉,崇阳(今属湖北)人,明朝官员。明正德六年(1511)进士,授饶州推官,入为兵部主事。嘉靖元年(1522)任福州知府,后迁浙江、陕西副使,进云南按察使。嘉靖十七年(1538),安南之役,朝廷以汪文盛为右佥都御史,巡抚其地。嘉靖二十年(1541),召为大理卿,途中病,明世宗令其致仕。《天一阁书目》中载汪文盛"正德辛末进士,官至大理寺卿,有《春秋辨说》《白泉文稿》《节爱汪府君诗集》"。

相关记载

清魏标《湖墅杂诗》卷上"东南一柱美崛崒,款识文熙蚀藓苔。节用爱人司马笔,莫将似道漫疑猜"。诗注:《湖墅志略》:"'节用爱人,视民如伤'八大字正书摩崖。《西湖志》:在宝石山足,无题款。黄周星《竹枝词》注:相传为贾似道书。《湖墅志略》《西湖志》:据黄周星《竹枝词》,以为贾似道书。非也。按石刻款题'白泉汪文成书',字画完好,第不知文成为何时人。后阅《西湖志·名贤》:张文宿筑来鹊楼,又于湖中置一舫,大司马白泉汪公署额曰'水月楼',见《分省人物考》。是文成系嘉靖时人,旧《志》多失考,并不载'东南一柱',故特著之。"

清翟灏、翟瀚《湖山便览》"崖有'节用爱人,视民如伤'八大字,无题款。黄周星云,相传为贾似道书",民国胡祥翰著《西湖新志》有相同记载。

民国钟毓龙《说杭州》第十四章:"宝石山有'东南一柱'四字摩崖。明嘉靖进士张佳胤,万历间为浙江巡抚。万历十年春,杭州兵变,幕府东西二营马文英、吴廷用结党作乱,佳胤平定之。张文熙为勒此四字。佳胤后官至太子少保,为'嘉靖七子'之一。又有'节用爱人,视民如伤'八字摩崖,亦为此时所刻。或以为宋贾似道所刻,非也。"

明过庭训《本朝分省人物考》卷四十三《杭州·张文宿》:"就西湖……湖中又置一舫,大司马尚书白泉汪公署曰水月楼。"

明高濲《石门集》卷四《从白泉汪公泛西湖》:"三年梦隔洞庭秋,万里杯倾水月楼……"

明张文熙题"东南一柱"石刻

释文：东南一柱

概况

　　石刻位于宝石山东麓石函路西侧崖壁上，为明代张文熙所题。石刻为横幅，多圆笔重按铺毫，字形方正，布白宽博，颇具浑朴之气。高1米，宽3.7米。

　　该石刻虽无款识，但史料记载较多。明万历十年（1582）春，杭州东西二营士兵马文英、刘廷用等结党作乱，缚殴巡抚吴善言。张居正以张佳胤有才，令其以兵部右侍郎兼右佥都御史代吴善言平乱。而张佳胤未入杭州境，又发生了平民动乱。张佳胤趁兵乱与民乱尚未合一的时候，先平民乱，再佯召马文英、刘廷用，斩之，二乱悉定。御史张文熙为纪念张佳胤对杭州做出的贡献，镌"东南一柱"于崖壁上。

相关人物

张文熙，字念华，广西桂林人，明万历五年（1577）进士。由读书中秘，改御史，巡按陕西、浙江兼浙江乡试考官，以应天府丞、太仆卿致仕。为官执法宽严适度，调解纷争，公平善断，浙人钦服，建祠以祀。辞官回桂后，赋诗撰文，以著书自娱，擅书法，著有《按浙集》《云岩集》《壬癸草》等。

相关记载

清张仁美《西湖纪游》："过午，从寓西北步，有大石百丈蹲踞。好事者劓字其上，曰'东南一柱'。其余摹勒，年久剥蚀。"

清李榕《杭州金石志》："东南一柱，《武林访碑录》：在宝石山，正书，字径二尺，无款，或传为明人书。"

清魏标《湖墅杂诗》、民国钟毓龙《说杭州》中亦有记载，见上文"明汪文盛书'节用爱人，视民如伤'石刻"。

清光绪二十一年王成瑞题"天开图画"石刻

释文：天开图画

光绪乙酉冬月，平湖王成瑞题

概况

　　石刻位于宝石山东麓石函路西侧崖壁上，为王成瑞题于清光绪十一年（1885）。石刻为小篆，其书布白均整，重心偏高，是典型的清篆书风。通高1.43米，宽4米。

　　"天开图画"即赞美西湖的秀丽风光犹如上天展示的美丽图画，栖身其中如处于天上人间。

相关人物

王成瑞，字云卿，浙江平湖人，咸丰时岁贡生。工诗古文辞，兼四体书法，好游览，遇名胜辄有留题。

相关记载

清翟灏、翟瀚《湖山便览》"王成瑞摩崖篆书'天开图画'四字，字皆大，径二尺余"，民国胡祥翰《西湖新志》中有相同记载。

民国钟毓龙《说杭州》："又有'天开图画'石刻，篆书，字径五尺，款识'光绪乙酉冬月平湖王成瑞题'。王之生平不详。"

清光绪三十二年陈璃书"乾坤清气"石刻

释文：乾坤清气

光绪丙午人日，郁平陈璃书，时年八十。

慈溪刘远桢监刻

概况

石刻位于宝石山东麓石函路西侧崖壁上，为陈璃书于清光绪三十二年（1906）。石刻楷书横幅，点画丰润，结字中间严密而外边宽绰，且有变化。通高1.1米，宽3.9米。

元代王冕《墨梅》："我家洗砚池头树，个个花开淡墨痕。不要人夸好颜色，只留清气满乾坤"。陈璃题此石刻表达自己鄙薄流俗、独善其身的人生态度，后由刘远桢监刻于石上。

相关人物

陈璚（1827—1906），字六笙，又字鹿笙、鹿生，广西贵县（今属贵港）人，清同治四年（1865）任浙江杭嘉湖道，后任杭州知府、四川布政使等。工书法，兼画墨梅，晚年寓居杭州，为西泠印社第一批社员，著有《随所遇斋诗集》。

相关记载

清翟灏、翟瀚《湖山便览》"又陈璚摩崖'乾坤清气'四字"，民国胡祥翰著《西湖新志》中有相同记载。

民国钟毓龙《说杭州》："又有'乾坤清气'四字摩崖，字高约三尺，款识'郁平陈璚书，时年八十。慈溪刘远祯监刻'，陈璚，清光绪初杭州知府，涌金门'涌金池'三字亦其所书。"

民国十二年"N.S.ISAACS"石刻

释文：N.S.ISAACS

31·7·23

概况

　　石刻位于宝石山东麓石函路西侧崖壁上，石刻字龛椭圆形，未署作者，石刻通高0.4米，通宽0.62米。

　　石刻上半部分内容为大写英文，下半部分为数字。"ISAACS"音译艾萨克斯，常用作英文人名。而下半部分的31·7·23推测是摩刻的时间，即1923年7月31日。

"甲Ｓ久"石刻

释文：2/12.1919—1/9.1928
甲Ｓ久

概况

　　石刻位于宝石山东麓石函路西侧崖壁上，未署作者，"甲久"两字笔势圆腴，内含刚柔，字母和数字镌刻工整，相映成趣。高0.37米，宽1.05米。

　　石刻推测与石函路尽头的日本驻杭领事馆旧址相关。根据1895年签订的《马关条约》，杭州被辟为通商口岸，清光绪二十二年（1896）春，日本在宝石山东麓的石塔儿头设立领事馆，1919年至1928年间，日本人在此地营建了两幢西式洋房和一些附属用房。日本人营造西式洋房的时间与摩崖石刻所记时间一致。

民国十七年黄元秀书"南无大日如来"石刻

释文：南无大日如来

戊辰三月，黄元秀敬书

概况

　　石刻位于宝石山东麓石函路西侧崖壁上，为黄元秀题于民国十七年（1928）。石刻楷书竖列，去掉圭角，行之以藏锋稚拙的线条，用篆籀的笔法，表现一种超然物外的禅的意趣，给人平淡之感。通高3.6米，宽1.2米。

　　大日如来是释迦牟尼佛三身之一，表示绝对真理的佛身，也是佛教密宗所尊奉的最高神明。

相关人物

　　黄元秀（1884—1954），原名凤之，字文叔，号山樵，浙江杭州人。辛亥革命时期为浙江革命党领导人之一。后黄元秀皈依佛教，修持弘扬密法，曾担任中国佛学会杭州分会理事长，又创办并主持杭州佛教图书馆。黄元秀在杭州有多处宣扬佛法的题字，如灵隐寺天王殿的"灵鹫飞来"匾额、弥陀寺后山的"南无阿弥陀佛"和石函路这处"南无大日如来"石刻。

相关记载

　　民国钟毓龙《说杭州》"又有'南无大日如来'六字，竖刻，高约一丈，款识'戊辰三月黄元秀敬书'。"

深省子勒"吕祖百字碑"石刻

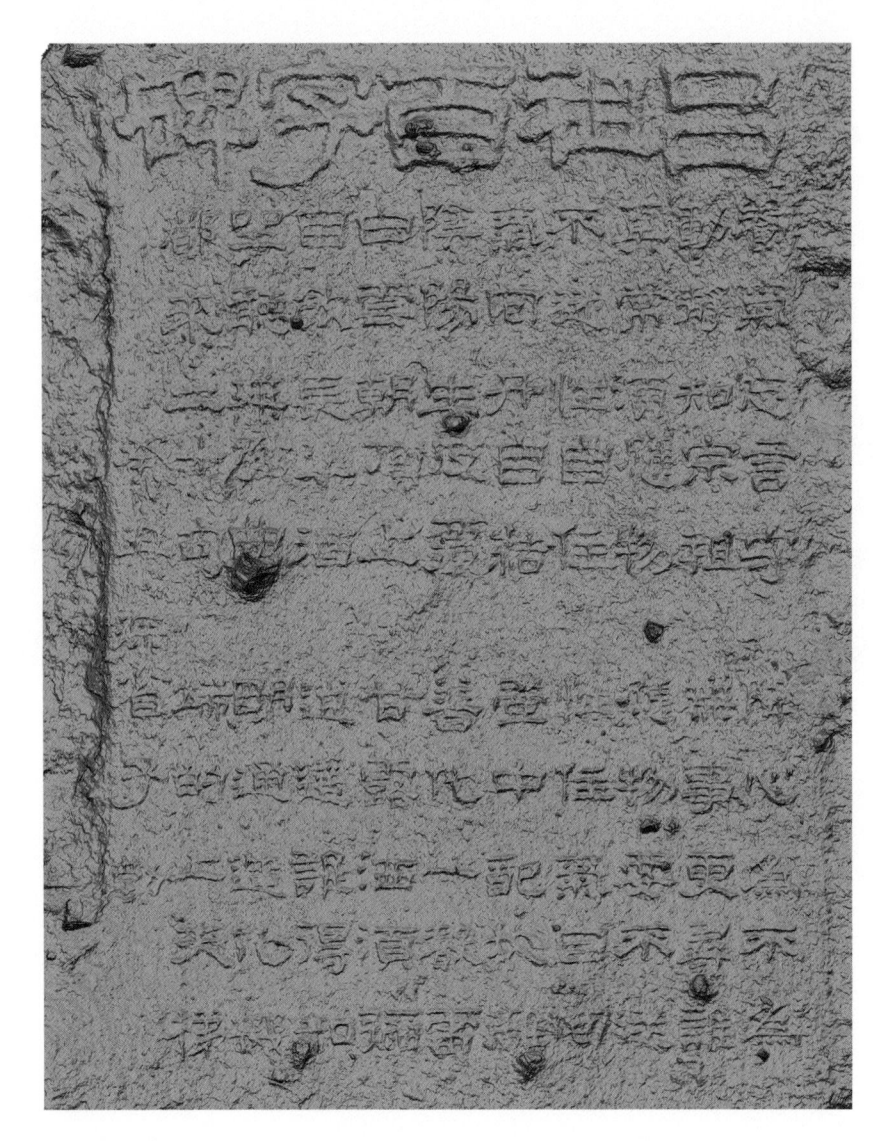

释文：吕祖百字碑

养气忘言守，降心为不为。动静知宗祖，无事更寻谁？真常须应物，应物要不迷。不迷性自住，性住气自回。气回丹自结，壶中配坎离。阴阳生反覆，普化一声雷。白云朝顶上，甘露洒须弥。自饮长生酒，逍遥谁得知？坐听无弦曲，明通造化机。都来二十句，端的上天梯。

癸丑深省子勒

概况

石刻位于宝石山东麓石函路西侧崖壁上,为深省子所题,年代生平不详。石刻碑额方劲平实,厚重外拓,结字丰腴。碑文粗看比较稚气,细读却见精巧,可见作者匠心和虔诚。通高1米,宽0.65米。

《吕祖百字碑》碑文相传为唐末吕洞宾撰,张三丰曾为之作注,又称《百字碑》,为五言二十句诗歌,整一百字,内容简明深刻,讲述了内丹修炼的过程、内景、效验等。

相关记载

民国钟毓龙《说杭州》:"宝石山麓石函路侧,有石刻《吕祖百字碑》,上下二列,五字一句。款识'癸丑深省子勒'。碑文传为吕洞宾作。癸丑为民国二年。深之生平不详。"

○杭州宝石山摩崖石刻集萃

大石佛院区域

　　大石佛，又称大佛头，位于杭州宝石山南麓。唐陆羽《武林山记》传为秦皇缆船石，秦始皇东游望海，缆舟于此。北宋宣和六年（1124），妙行寺僧人思净将石镌成半身佛像，饰以黄金，构殿覆之，并移来兜率寺旧额，极一时之胜。

　　元至元间，院毁，佛像亦剥落。明永乐间，僧志琳重建，敕赐为大佛禅寺。明弘治四年（1491），僧永安重修，改名古石佛院，东壁上刻有"古石佛院，监察御史施儒书，正德辛巳秋仲"摩崖。清乾隆皇帝南巡到杭州，多次来大石佛院礼佛并留题赋诗，至今墙上仍留有三块御诗碑。1929年第一届西湖博览会期间，大石佛院被征用作展馆。现寺庙已不存，留半身石佛像一尊、五龛造像及一些建筑遗迹。

明正德十六年施儒书"古石佛院"石刻

释文：古石佛院

监察御史施儒书，

正德辛巳秋仲

概况

石刻位于宝石山南麓大石佛院内崖壁上,为施儒题于明正德十六年(1521)。有行楷书笔意,结字端庄,使转灵活,落款遒媚秀逸,给人一种圆润之感。高1.2米,宽0.6米。

北宋宣和六年(1124),妙行寺僧思净凿秦皇系缆石为半身佛像,建寺奉之,称兜率寺,也称大石佛院。大石佛院几经变迁,此石刻是明正德年间题名"古石佛院"的历史见证。

相关人物

施儒(1478—1539),明浙江归安(今浙江湖州吴兴)人,字聘之,号西亭。明正德六年(1511)进士,初官监察御史,巡按南畿,以直谏被中官诬陷,逮系落职,明嘉靖初起任广东按察副使,王阳明曾举荐施儒为广西右江兵备之任,称其学明气充,忠信果断,著有《学庸臆说》。

相关记载

清魏㟲《(康熙)钱塘县志》:"明正德辛巳御史施儒书'古石佛院'刻于壁。有泉名沁雪,傍有棠陵方思道题名。"

清乾隆三十年御制《大佛寺题句》诗碑

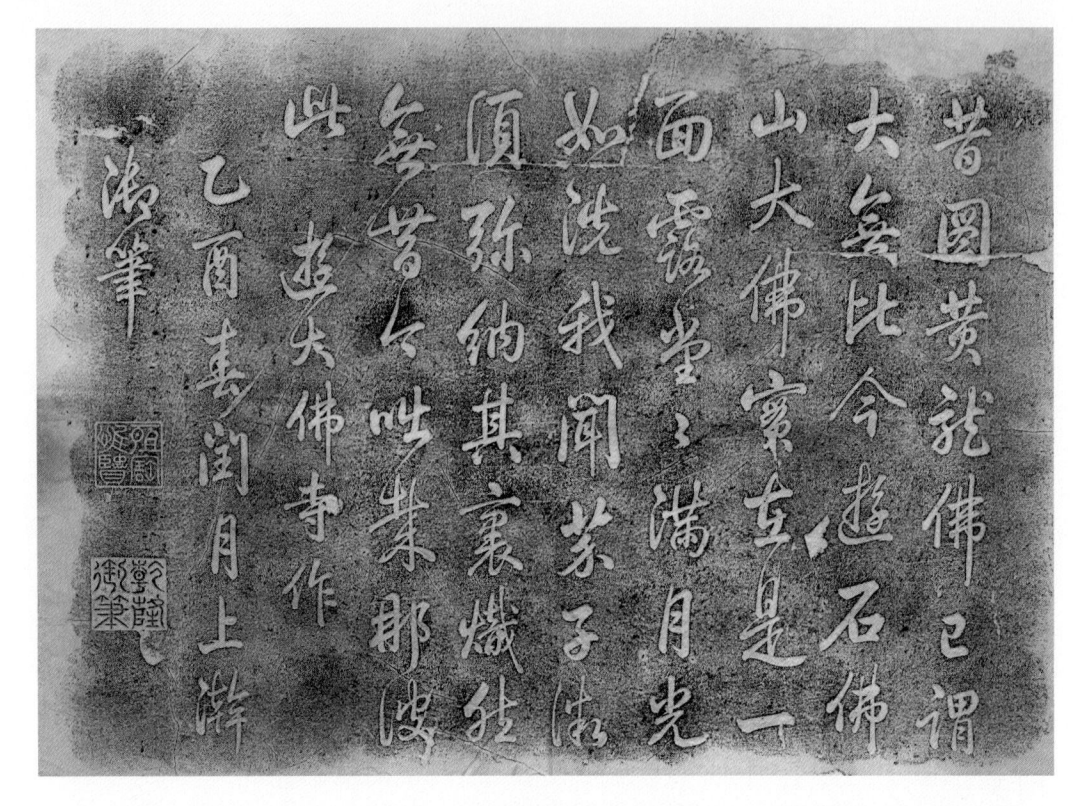

释文：昔图黄龙佛，已谓大无比。今游石佛山，大佛实在是。
一面露堂堂，满月光如洗。我闻芥子微，须弥纳其里。
炽然无昔今，咄哉那彼此。

游大佛寺作，乙酉春闰月上浣御笔

钤印："所宝惟贤""乾隆御笔"

概况

诗碑嵌于宝石山大石佛院西侧院落的院墙上,为爱新觉罗·弘历题于清乾隆三十年(1765)。书法圆润隽秀,遒媚华丽,潇洒飘逸。诗碑高 0.6 米,宽 0.75 米。此诗为乾隆皇帝第四次南巡游大石佛院时所题,称赞大佛面如满月。

相关人物

爱新觉罗·弘历(1711—1799),清朝皇帝,年号乾隆。乾隆在西湖孤山建有行宫,历次南巡均驻跸于此,清翟灏《湖山便览》:"乾隆十六年,皇上法祖勤民,亲奉皇太后銮舆巡幸江浙,驻跸西湖。恭建行宫于圣因寺西,适当孤山正中,面临明圣湖,群山拱护,规制天成。"孤山与宝石山相去不过百米,乾隆六次南巡均曾到宝石山探幽赏景,留下诸多诗词,现大石佛院存有诗碑三块。

相关记载

此诗收录于《御制诗三集》卷四十八,名为"大佛寺题句"。另还收录于乾隆年间《杭州府志》卷首四及清高晋《南巡盛典》卷十三中。

清乾隆四十五年御制《大佛寺题句》诗碑

释文：黄龙洞及此，皆镌石佛像。彼乃慧开修，此实思净创。

言迹固已古，面相直逾丈。在此不在彼，大佛斯非爽。

虽然经有云，色见声求枉。则我兹所咏，去道远霄壤。

庚子暮春月上浣御题

钤印："乾隆宸翰""惟法为一"

概况

诗碑嵌于宝石山大石佛院西侧院落的院墙上,为爱新觉罗·弘历题于清乾隆四十五年(1780)。其书飘逸圆润,迅捷劲健,遒媚洒脱。诗碑高 0.45 米,宽 0.8 米。

此诗为乾隆皇帝第五次南巡游大石佛院时所题。此诗意为黄龙洞和大石佛院皆镌刻石佛像,黄龙洞的石佛像是慧开禅师所修,大石佛院的则是宋代思净所修。虽然历史悠久,但大佛头至乾隆时还依然完好,直径逾丈,令人赞叹。并在末尾感叹自己所咏之诗,与《金刚经》"若以色见我,以音声求我,是人行邪道,不得见如来"的旨意相悖。

相关人物

爱新觉罗·弘历(1711—1799),清朝皇帝,年号乾隆。

相关记载

此诗收录于《御制诗四集》卷七十一,名为"大佛寺题句"。另诗还收录于乾隆年间《杭州府志》卷首五及清高晋《南巡盛典》卷十七中。

清乾隆四十九年御制《大佛寺题句》诗碑

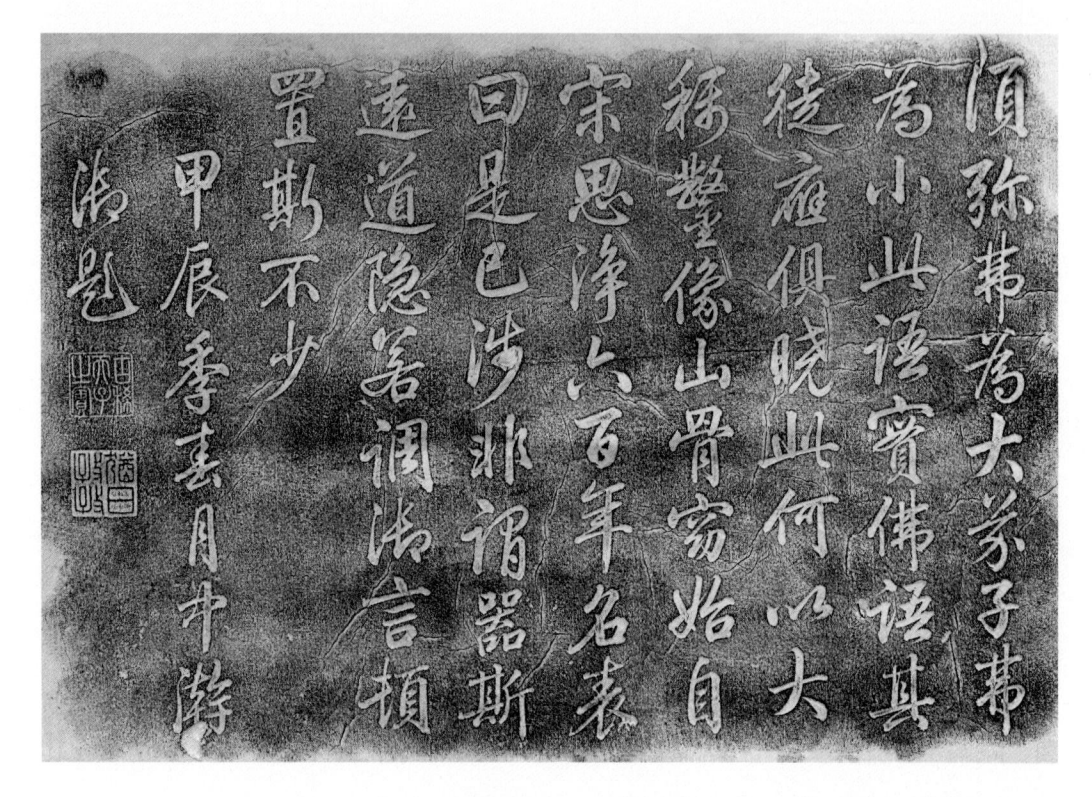

释文：须弥弗为大，芥子弗为小。此语实佛语，其徒应俱晓。
此何以大称，凿像山骨窈。始自宋思净，六百年名表。
曰是已涉非，谓器斯远道。隐若调御言，顿置斯不少。

　　　　　　　　　　　　　　　甲辰季春月中浣御题

钤印："古稀天子之宝""犹日孜孜"

概况

　　诗碑嵌于宝石山大石佛院西侧院落的院墙上，为爱新觉罗·弘历题于清乾隆四十九年（1784）。诗文行书秀丽流畅，功底很深。诗碑高 0.55 米，宽 0.75 米。

　　此诗为乾隆皇帝第六次南巡游大石佛院时所题。诗文提到大佛头自北宋宣和六年（1124）思净开凿，距当时已有六百余年，乾隆皇帝从大佛头联想到有关须弥芥子大小之辨的佛理。

相关人物

　　爱新觉罗·弘历（1711—1799），清朝皇帝，年号乾隆。

相关记载

　　此诗收录于《御制诗五集》卷五，名为"大佛寺题句"。另还收录于乾隆年间《杭州府志》卷首五及清高晋《南巡盛典》卷二十二中。

清道光十九年钱熙泰题
《弥勒院重建大悲阁记》碑

释文：弥勒院重建大悲阁记

　　岁己亥秋，薄游武林，侨寓宝石山之弥勒院。时方重建大悲阁，住持心源上人，鸡鸣起随众功课，既鸠工庀材，监视风日下，虽抱疾不自解。心异其勤，稍闲则询其重建之由。上人曰：阁旧卑隘且蚀于蠹，山风漂摇将不堪。邑绅孙君养恬、瞿君颖山首倡捐，众信随之，以成此功德。余闻而疑焉，夫湖上荒庵废寺，湮没于蒿蔓者不可枚举，院非甚著名而气象欣欣有日隆之势，果道至此？已而之他寺，寺僧皆言，弥勒院昔无恒产，居一二众，日两餐或不给，未几辄去。上人至，始立规条，招徒众，六时课颂，戒行严净，远近称之，院日以兴。先是，从兄啸楼尝寓院，归述上人之为人，予故耳上人名久。今与上人晤，又合诸寺僧言，乃益信院之所由盛，自上人始，余向者之疑盖过矣。且夫一切世间凡所成就，各视其人福力所至。《华严》言有登弥勒阁者，不得其门，弥勒自后至，弹指而阁门开，阁中即具千万阁，阁阁现弥勒身，阁阁现登阁者身。此所见非幻也，造于其心而成于其平日之福力，故幻境从实地出。以上人精勤，将见扩而充之为大伽蓝，击楗椎振宗风于四大刹外，别踞一师子座，不啻弹指间事，而又何疑于此阁哉？予闻阿缚卢枳伐罗菩萨于南阎浮提众生，有大因缘；凡有所求，称菩萨名号，无不获愿。然则上人之所期与夫诸檀施之所归向，胥可于菩萨证之。是不可以不记也。乃书而勒诸石，羼提居士金山钱熙泰谨记。

概况

石碑嵌于宝石山大石佛院西侧院落的院墙上，为钱熙泰题于清道光十九年（1839）。其书风遒媚秀逸，结体严整，笔法圆熟，有宽博之气。石碑高0.55米，宽0.86米。

《弥勒院重建大悲阁记》主要记载了钱熙泰住在宝石山弥勒院时关于大悲阁重修的见闻。根据碑刻记载，钱熙泰寓居弥勒院时，弥勒院住持心源上人正在修建大悲阁。弥勒院并非名寺，但在当时却欣欣向荣，是因为心源上人订立规矩，招募信徒，戒行精严，弥勒院才因此兴盛。

相关人物

钱熙泰（1812—1860），字子和，号鲈香，金山钱圩乡（今属上海）人，补博士弟子，曾任靖江训导。博学好古，能诗善文，工书画、金石。清道光十五年（1835）曾寓居浙江杭州西湖文澜阁抄校书籍，著有《文澜阁校书目录》《文澜阁抄书目录》等。

相关记载

民国陆费执《实地步行杭州西湖游览指南》："（大石佛院）右旁有弥勒院，建于清光绪间。"

民国十三年朱剑之造弥勒佛像题记石刻

释文：民国十三年，岁在甲子，夏六月，邑人朱剑之挈姬人张玉如避暑西湖兜率寺之留云堂，敬造弥勒佛像一龛，永充供养。

概况

石刻位于宝石山南麓大石佛院东侧崖壁上，为朱剑之于民国十三年（1924）造弥勒佛像时的题记。笔画饱满丰腴，敦实，墨酣意足。通高 0.5 米，宽 0.9 米。

石刻记载了民国年间朱剑之携妾张玉如在西湖大石佛院的留云堂避暑，敬造弥勒佛像一龛之事。现石刻上方有一龛弥勒佛像，风化较为严重。

宝石系

◇杭州宝石山摩崖石刻集萃

蛤蟆峰区域

　　蛤蟆峰，山石礌砢，形类蛤蟆。但若专以突起处望之，则如巾帻；站在湖中望其全势，则如狮子。因此又名巾子峰、狮子峰，一峰数名。蛤蟆峰为宝石山险峻之处，为紫红色火成岩构成，峰石突兀，下看西湖，一览无余。北宋林逋曾有诗"巾子山头乌桕木，微霜未落叶先红"，北宋杨蟠《巾子山》"首出群山内，晴窗几处看。不须风雨折，开槛满溪寒"。

明正德十五年方豪游川正洞石刻

释文：正德庚辰五日方思道至

概况

石刻位于宝石山川正洞东侧崖壁上，为方豪题于明正德十五年（1520）。带隶书笔意，古朴天真。高 0.86 米，宽 0.6 米。

石刻记录了方豪到宝石山游玩的事迹，在保俶塔旁还有方豪所题"屯霞""雪甗鮖""擎璞"等石刻。保俶塔左百步余曾有看松台，《武林梵志》载为方豪建。

相关人物

方豪（1482—1530），字思道，号棠陵，浙江开化人，正德三年（1508）进士，历任昆山知县、沙河知县、邢部主事、湖广等处提刑按察司佥事等职，著有《棠陵文集》《断碑集》等。王阳明《方思道送西峰》中言"每逢泉石处，必刻棠陵诗"，西湖群山多有其题字刻石。

明方豪题"屯霞""雪甗龊"石刻

释文：屯霞
　　　思道

概况

石刻位于宝石山保俶塔西侧屯霞石上，为明代方豪所题。简质朴茂，刀刻趣味明显，体势在楷隶之间，趣味十足。高 0.7 米，宽 0.95 米。

屯霞石色赭如霞，介立崖畔，每当夕阳西下或旭日东升，此石在霞光的照耀下，宛如彩霞屯积，故名"屯霞石"。民国钟毓龙《说杭州》记载："堪舆家谓之火龙石，能使昭庆寺火。"现屯霞石上凿有蹬道，可俯瞰杭州城。

相关人物

方豪（1482—1530），字思道，号棠陵，浙江开化人，雅好山水。

释文：雪氍毹

思道

概况

石刻位于宝石山来风亭下方崖壁上，为明代方豪所题。其书结字古拙率真，笔势稳健，给人一种质朴之感。高0.6米，宽1.4米。

氍毹指毛织的布或地毯。"雪氍毹"指冬日下雪后，地面形成积雪，仿佛在地面上铺了一层由积雪做成的地毯。另此地地势较高，可远眺断桥残雪之景。钱惟演曾在附近建有雪氍毹亭，后并入昭庆寺，此为旧名续存。

相关记载

明田汝成《西湖游览志》："菩提院，本钱惟演别墅也，舍以为寺。有白莲、绿野等堂，碧玉、四观、披灏等轩，南漪、迎薰、澄心、涵碧、玉壶、雪氍毹等亭，后并入昭庆寺。"

明邵景尧题"倚云石"石刻

释文：倚云石
芝南题

概况

石刻位于宝石山保俶塔下方岩石上，为明代邵景尧所题。字为双勾刊刻，饱满丰腴，风格端庄，墨酣意足。高 0.55 米，宽 1.1 米。

倚云石，意为岩石所在地势高峻，如同倚云而立。据传宝石山的别名"石甑山"，由倚云石和屯霞石而来。

相关人物

邵景尧（1560—？），字熙臣，号芝南，浙江象山人。邵景尧少有才名，与著名学者杨守阯等人结社赋诗，是"浙东十四子"之一。明朝万历二十六年（1598），殿试得榜眼，授翰林院编修。万历四十年（1612），他与状元赵秉忠一同出任南京考试官，以振拔孤寒之士为己任。编纂万历《象山县志》，著《邵太史诗集》。

相关记载

民国钟毓龙《说杭州》"石甑山之名，由山上之两巨石而来。此二巨石，皆名落星石，是否果为陨石，无可考。一名倚云，在保叔塔后。"

清末《新约》石刻

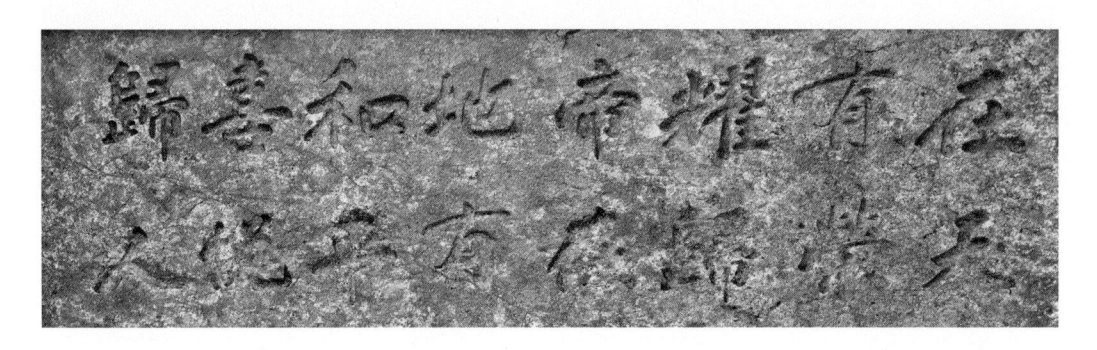

释文：在天有荣耀归帝，在地有和平喜悦归人。

概况

　　石刻位于宝石山来凤亭下方崖壁上，秀润流畅，有跌宕飘逸的流动感。高0.65米，宽1.9米。

　　石刻内容出自新约《圣经·路加福音》二章十四节："在至高之处荣耀归与神，在地上平安归于他所喜悦的人。"为传教之语。

相关人物

梅藤更（1856—1934），英国圣公会来华医疗传教士，曾任杭州广济医院（今浙江大学医学院附属第二医院）院长，1901年返回英国。清光绪二十一年（1895），梅藤更在宝石山保俶塔旁修建了疗养院，后该地由政府购回。

相关记载

民国钟毓龙《说杭州》："宝石山来凤亭侧，有石刻'在天有荣耀归上帝，在地有和平喜悦归人'十七字，为清末英国传教士、广济医院创始人梅藤更所为。""梅藤更，英国人。清光绪六年来杭传教……梅乃择宝石山之地，大建洋房，半为麻疯院，半则为其别墅……今山上来凤亭旁岩石上，犹刻有'在天有荣耀归上帝，在地有和平喜悦归人'二语，即梅之遗迹。"

"合璧"石刻

释文：合璧

概况

　　石刻位于宝石山川正洞外侧崖壁上，未署作者和年月。石刻楷书竖行，开合有致，用笔清秀。高 1.5 米，宽 0.52 米。

　　"合璧"形容川正洞山石叠垒倚靠之景，犹如两个半璧相合。

"不二"石刻

释文：不二

概况

石刻位于宝石山川正洞东侧崖壁上，未署作者及年月。隶书横式，笔势圆转，飘逸若兰。高 0.35 米，宽 0.55 米。

"不二"是佛教用语，意为无彼此之别。

"擎璞"石刻

释文：擎璞

概况

　　石刻位于宝石山川正洞北侧岩石上，无款。其书遒峻深厚，笔法圆转与山壁融为一体，古意盎然。高 0.46 米，宽 0.66 米，字径 0.4 米。

　　璞即含玉的石头，"擎璞"意在描述川正洞的岩石情形，犹如托举着玉石。

"川正洞"石刻

释文：川正洞

概况

石刻位于宝石山蛤蟆峰东侧川正洞内崖壁上，未署作者及年月。以篆籀笔法书写，气势宏大。高0.3米，宽0.6米。

此处由岩块叠压形成，状似山洞，有三个出口，洞在中央，故称"川正洞"。

相关记载

民国钟毓龙《说杭州》："又有大石罅，仅容一人出入，名川正洞，实非洞也。"

民国徐珂《增订西湖游览指南》："再进有川正洞，中置石几石凳。洞左有石峡，仅容一人行。"

沙孟海题"宝石山"石刻

释文：宝石山

沙孟海

概况

　　石刻位于宝石山保俶塔下方的崖壁上,为沙孟海题于1980年。此书体势雄浑,笔力遒劲,给人浑厚雄壮之感。通高5.7米,宽2.5米。

　　五代吴越国王钱镠名此山为"寿星宝石山"。

相关人物

　　沙孟海(1900—1992),原名文若,字孟海,号石荒、沙村、兰沙,浙江鄞县(今宁波)人。曾任中国书法家协会副主席、西泠印社社长、浙江美术学院教授、浙江省博物馆名誉馆长等职。早年从冯君木学古典文学,又从吴昌硕、赵叔孺学习书法、篆刻,兼攻古文字学、金石学,是二十世纪书坛泰斗,蜚声海内外,也是著名学者和艺术教育家。著有《印学史》《沙村印话》《沙孟海论书丛稿》等。

萧娴题"宝石流霞"石刻

释文：宝石流霞
　　　　萧娴年八四
钤印："蜕阁""萧娴"

概况

石刻位于宝石山川正洞西侧岩石上,当代书法家萧娴题于1986年。苍浑厚拙,遒润之气,雅俗共赏。高2米,宽0.8米。

"宝石流霞"为新西湖十景之一,宝石山岩石中含氧化铁,呈赭红色,在阳光映照下似玛瑙,故名。

相关人物

萧娴(1902—1997),字稚秋,号蜕阁,署枕琴室主,贵州贵阳人,中国当代最为著名的女书法家,有"女书圣"美誉。康有为见萧娴临写的《散氏盘》,大为赞赏,题诗相赠,称赞她"雄深苍浑此才难",又推测她将会成为"卫(铄)管(道昇)"那样的女性书家代表人物。

◇杭州宝石山摩崖石刻集萃

周文清题"蹬开岭"石刻

释文：蹬开岭
　　吴兴周文清题
钤印："周文清"

概况

石刻位于宝石山川正洞西侧崖壁上，为当代书法家周文清题于 1994 年。线条疏密得当，带有隶意，有比较强的趣味感。高 2.4 米，宽 1.2 米。

相传吴越国王钱镠到此，见有巨石挡道，足一顿而岭开。前人史料中多将此地名为"顿开岭"，今名"蹬开岭"。

相关人物

周文清（1940—　），浙江湖州人，国家一级美术师、书法家。曾任杭州市美术家协会常务副主席、杭州市书法家协会主席等职务，擅长书法、中国画和雕塑。

相关记载

清翟灏、翟瀚《湖山便览》："宝石山在钱塘门西，坊额曰'顿开岭'。"

民国帝青《西湖游览新导》："顿开岭在宝石山阴。夹道石壁，多镌佛像，有巨人足迹二，俗传为吴越王钱镠所顿开，故名。"

民国钟毓龙《说杭州》："顿开岭在宝石山保俶塔后。俗传钱王至此，足一顿而岭开。其地有坎二，长约寸半，深约一寸，谓即其足拇指之印。又宝石山下佛足泉畔石壁，有足迹二，长约三尺，广尺许。其迹苔藓不生，光润可玩，亦传为顿开岭地名之所由来。或谓佛足泉畔之足迹为佛所印，故以名泉。"

朱关田题"寿星石"石刻

释文：寿星石

朱关田题

概况

　　石刻位于宝石山来凤亭下的寿星石上，当代书法家朱关田所题。竖正匀静，变化多端，线条清雄，灵秀洒脱，用笔沉着痛快，寓沉雄于静穆之中。高0.4米，宽0.9米。

　　宝石山上有巨石，旧名落星石。因此石与角亢相对，角亢为寿星，因此吴越国王钱镠封为寿星石，又将此山封为寿星宝石山。

相关人物

朱关田（1944—　），字曼倬，浙江绍兴人，国家一级美术师。曾任中国书法家协会副主席、西泠印社副社长、浙江省书法家协会主席等，著有《中国书法史·隋唐五代卷》《颜真卿传》等。

相关记载

民国胡祥翰《西湖新志》："塔后为寿星石，仁和赵生坦尝于山间拾得片石，存三十五字，有'云爽为睹此山，上承角亢'云云。角亢，寿星也，出《尔雅》。"

○杭州宝石山摩崖石刻集萃

宝石山造像区域

宝石山造像位于宝石山下一弄南侧,据崖龛痕迹,原有摩崖造像20龛28尊,摩崖题刻6处(龛)。能够辨别的造像题材有西方三圣、观音、释迦牟尼、文殊、地藏、布袋和尚、挑担僧人等。其中大部分属于汉传佛教造像,仅元代第五龛的三联式释迦、文殊和普贤像表现为藏传佛教风格。

宝石山造像北侧上山路口有关岳庙昭忠祠牌坊,坐西朝东,钢筋混凝土仿木结构。牌坊最初立在西湖边,后因开办第一届西湖博览会扩建环湖马路,移至宝石山山腰。关岳庙昭忠祠牌坊西为宝庆堂,始建于民国之前,为两进式四合院,院内鱼池上方有两方蒋益澧题刻。

明洪武十四年自然刊"南无无量寿佛"石刻

释文：南无无量寿佛

洪武十四年上元日自然刊

概况

石刻位于宝石山造像处,为自然题于明洪武十四年(1381)。石刻楷书竖列,笔法沉雄,提按明显,点画丰富,宽舒自然,清华萧散,气息无尘俗气,似乎与其佛教内容更协调。高1米,宽0.33米。

无量寿佛是阿弥陀佛的译名,被三国时代的支谦、竺法护等翻译家所用。

清同治四年"湘郡蒋益澧屯军处"石刻

释文：圣清同治元年，益澧蒙恩授布政使，统师援浙。二年春，浙东廓清，秋八月环攻杭州，三年二月乙未克之。王土既复，流民还家。越明年三月甲子，奉命抚粤东，勒名崖石，以志我士卒劳苦。

释文：湘郡蒋益澧屯军处

概况

　　石刻位于宝石山南麓宝庆堂（现为栖霞岭社区居委会）水池上方崖壁上，为蒋益澧题于清同治四年（1865）。

　　"湘郡蒋益澧屯军处"，用笔圆厚，朴拙，意趣古朴。高1.2米，宽4米。"圣清同治元年……"，楷书竖列，书法工健。高1.6米，宽1米。

　　石刻为蒋益澧刻字勒石以记录将士们征战的劳苦。根据摩崖可知，清同治元年（1862），蒋益澧被封为布政使，带领军队援助浙江；同治二年，浙东已经平定，同年八月至同治三年二月，蒋益澧又前往杭州，镇压太平军，收复杭州，使流散的百姓得以回家。同治四年三月，蒋益澧奉命督抚粤东，便在此处崖壁上镌两方石刻，以表彰将士们的功绩。

相关人物

蒋益澧（1833—1874），字芗泉，湖南湘乡人。湘军将领，曾任广西按察使、浙江布政使、浙江巡抚、广东巡抚等职。清同治年间，蒋益澧率兵平杭州境内的太平军，驻兵宝石山下。后因平定浙江一带的太平军有功，诏允建祠，谥果敏，《清史稿》有其传记。

相关记载

民国藏书家刘承干《嘉业堂藏书日记抄》："午后与子美、建夫至后面宝石山麓观余所置空地，又至宝庆堂观池上石壁蒋果敏公题名，盖昔日屯师处也。"

小横香室主人《清朝野史大观·清人逸事》："前清蒋果敏益澧之复杭州也，其驻师西南则清波门外翁家山，东北则钱塘门外宝石山。是时城内洪杨军尚十万，果敏仅二万。"

梵文六字真言石刻

释文：om-mani-padme-hun-hrih（梵文）

概况

石刻位于宝石山造像处，未署作者及年月。刻工精细，高 0.36 米，宽 1.6 米。

六字真言是观世音菩萨的心咒，又称六字大明咒，为赞叹观音菩萨之语。西藏观音经《摩尼伽步婆》以诗赞叹此六字明咒之功德，称其为智慧、解脱、救济、快乐之本源。音译"唵嘛呢叭咪吽"。

葛岭系

　　葛岭又名葛坞，相传东晋葛洪在此结庐炼丹，有炼丹台、炼丹井等遗迹。宝石山上此处道教遗址为最，现为抱朴道院所在。南宋理宗赐第集芳园予贾似道，又建半闲堂。葛岭之巅为初阳台，与乌石峰东西并峙。其地高朗，宜远眺，每年十月朔旦，可见日月并升之奇观，故有"东海朝暾"景目。《西湖游览志》载葛洪修真时，吸日月精华于此。葛岭山脚有玛瑙寺、智果寺、招贤寺等，年代久远。

　　颜料染业中人因葛洪炼丹时配成多种染料，奉葛洪为祖师。民国年间吴县杨叔英、赵雨亭等人出资整修葛岭，建有多处亭阁，初上为流丹阁，再上为喜雨亭、顽石亭、宝灿亭、九转亭和宝云亭，又建抱朴庐、葛岭山门、枕漱亭等，邀当时名流题写匾额和楹联，多数旧迹存留至今。

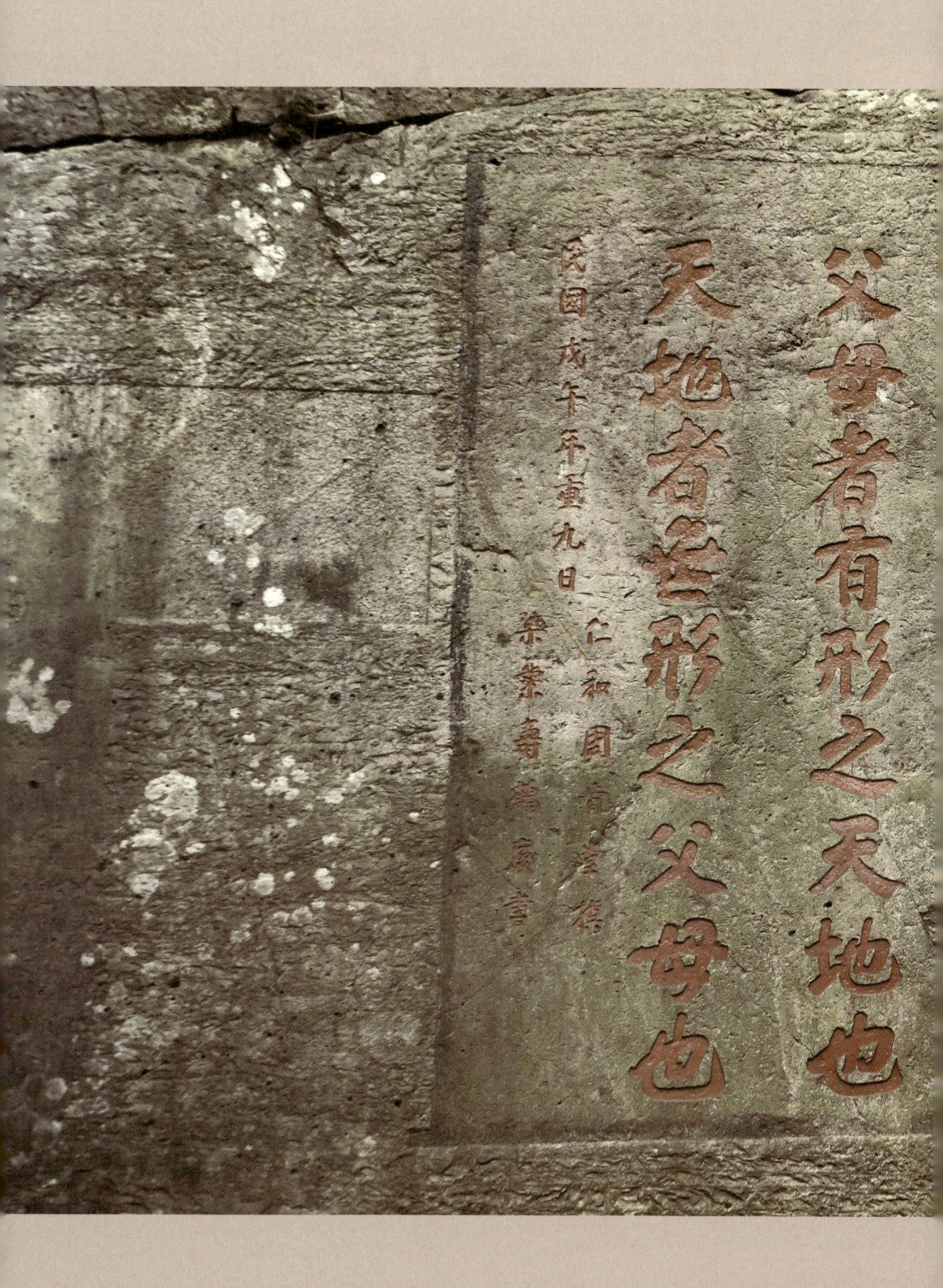

父母者有形之天地也
天地者無形之父母也

民國丙午年重九日 仁和國甯瑩樸
梁棠壽題廣書

桃 瀫 亭

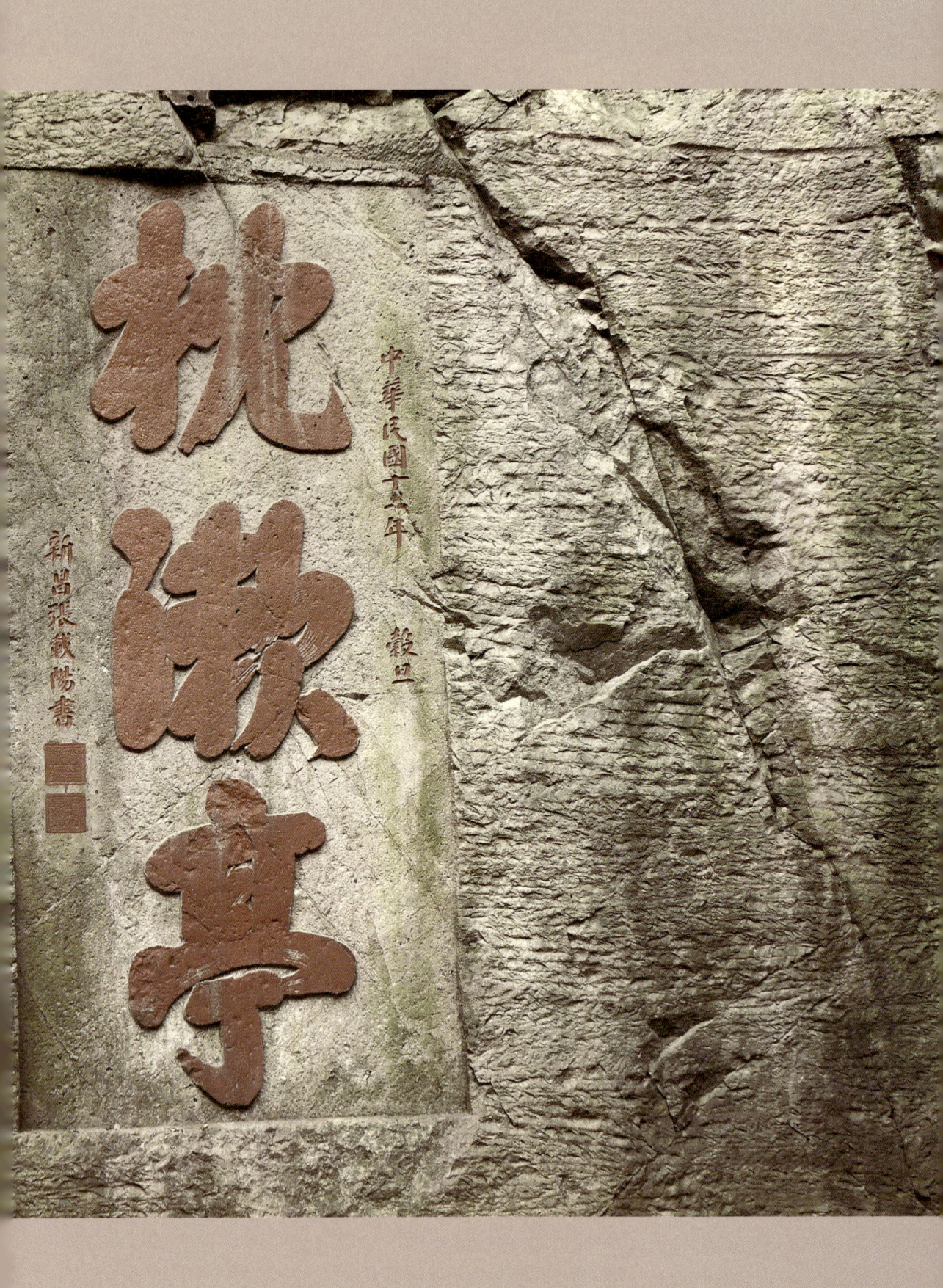

中華民國十一年穀旦

新昌張載陽書

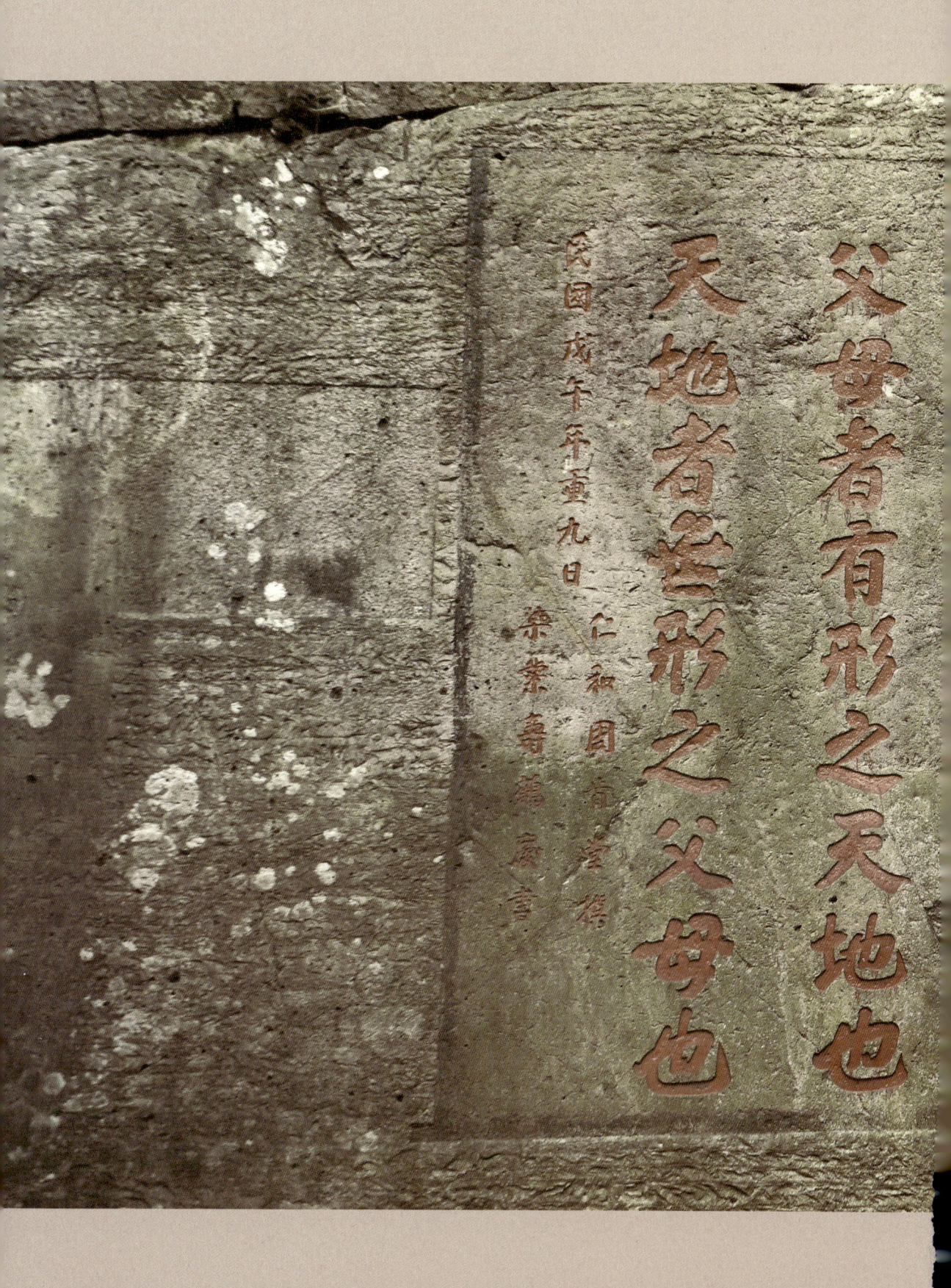

父母者有形之天地也
天地者無形之父母也

民國戊午年重九日 仁和圓有堂題
棠棠壽藩廣書

葛

抱樸

初陽臺由此上達

點微名山有勾漏丹砂蒼色

道院

登臨絕頂看妖氛旭日東來

抱朴廬氣可旁通

嶺

桃源亭

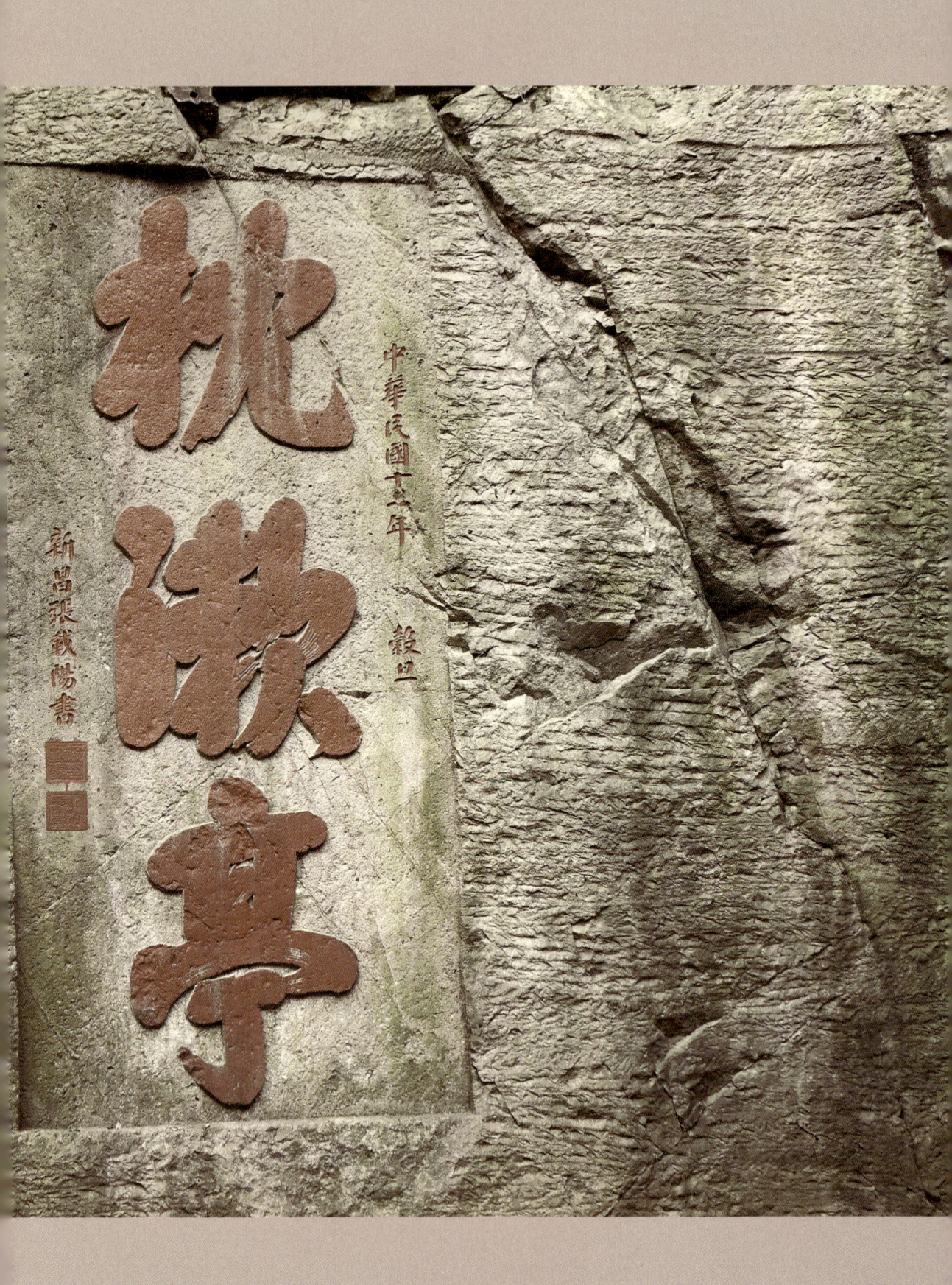

中華民國十六年穀旦

新昌張歐陽書

抱朴道院区域

抱朴道院位于葛岭半山腰，亦称葛仙庵、抱朴庐，民国时与黄龙洞、玉皇山福星观合称"西湖三大道院"。抱朴道院因东晋葛洪得名，葛洪（283—363），丹阳句容（今属江苏）人，字稚川，自号抱朴子，著有《抱朴子》内外篇七十卷。

《西湖新志》记载："涵清道院一称葛仙庵，旧名涵青精舍，在葛岭上。清康熙六年，郡士沈昺、何舟瑶等建为惜字公所，《县志》云半闲堂，即其址也。咸丰间毁，同治丁卯重建。民国乙卯，杨世伟出资重修，增建抱朴庐，可供远眺。丁巳重建玉清宫。"现抱朴道院内有葛仙殿、半闲草堂、红梅阁、抱朴庐等建筑，为杭州道教协会所在。

明万历二十二年盛可继等题"寿星岩"石刻

释文：寿星岩

明万历甲午春日盛可继隶，琼海王弘诲题，陈禹谟镌

概况

石刻位于葛岭南麓静逸别墅院内岩石上,为盛可继等人题于明万历二十二年(1594)。为双勾隶书,骨肉匀适,波磔分明,给人一种典雅端庄之感。高1.2米,宽0.6米。

石刻所在之地,旧为寿星院,始建于晋天福八年(943),相传苏轼常游此院,院有寒碧轩、杯泉、观台、此君轩等景,有苏轼诸诗。清乾隆皇帝来此,曾御制《寿星院四景用苏东坡韵》。现寿星院已不存,留此石刻。

相关人物

书者盛可继,钱塘(今杭州)人,善行书。

题者王弘诲(1541—1617),字绍传,号忠铭,广东定安人(今属海南)。嘉靖四十四年(1565)进士,官至南京礼部尚书,卒赠太子少保。著有《来鹤轩集》《南溟奇甸集》《尚友堂稿》《吴越游记》等。

镌者陈禹谟(1548—1618),字锡玄,明万历五年(1577)进士,曾任贵州布政参议,官至兵部侍郎。生平博闻强记,淹贯史籍,文才武略俱备,著有《左氏兵略》《获嘉县志》《学半斋集》等。据《古今图书集成》记载:"陈禹谟墓在钱塘茅家埠,天启间谕葬。"

相关记载

民国胡祥翰《西湖新志》:"一击亭在智果寺正殿之西南隅。清乾隆五年,镌陈禹谟'寿星岩'三字,并筑亭其上,仍旧名曰'一击'。"

清道光三十年徐敬书"天开图画"石刻

释文：天开图画

概况

石刻位于葛岭一处崖壁上，为徐敬书于清道光三十年（1850）。石刻字龛高1.53米，宽10.7米。线条丰厚，严谨整饬，墨气酣畅，风格端庄。

"天开图画"意为上天展示出来的图画，宋代黄庭坚《王厚颂二首》其二："夕阳尽处望清闲，想见千岩细菊斑。人得交游是风月，天开图画即江山。"

相关人物

徐敬（1805—1871），字信轩，临川（今江西抚州）人。监生出身，能诗善文，为人正直，为官清廉，尤能体恤百姓疾苦。道光十七年（1837）至十九年（1839），出任甘肃会宁知县，任内主修《会宁县志》。道光二十二年（1842），在甘肃皋兰知县任上，创建皋兰书院。道光二十三年（1843）至二十七年（1847），任嘉兴知府。

同游者刘仲晦，字丁佩，号耘兰，沧州人，道光年间进士。历户部主事，转员外郎，升郎中，曾任浙江衢州知府、凉州知府。

梁恭辰，梁章钜子，字敬叔，福州人，清道光十八年（1838）举人，官至台州知府，著有《池上草堂笔记》。

量云，杭州涌金门外灵芝寺僧人，《冷庐杂识》有记："莲衣僧量云，楚人。少习儒业，晚投空门，爱西湖之胜，栖止涌金门外之灵芝寺。署所居曰'未箬室'。"

释文：光庚戌临川徐敬书。同游者为沧州刘仲梅，福州梁恭辰，江宁陶定求，太仓杨芝孙，长洲王苏、方外量云

◇杭州宝石山摩崖石刻集萃

民国四年葛岭山门楹联组

释文：初阳台由此上达；抱朴庐亦可旁通。

陈尚礼 周天鹏

释文：点缀名山有勾漏丹砂着色；登临绝顶看扶桑旭日来朝。

民国四年钱塘王家治撰句并书，吴县杨世伟敬立

释文：葛岭

乙卯之秋，郑熙

钤印："郑熙""皞如"

概况

　　山门位于宝石山南麓葛岭路上，共两副匾额和两副楹联，均题于民国四年（1915）。

　　民国时期，葛岭得到了染业人士出资修整。现从北山街经葛岭山门向上，一路可见的匾额、楹联，大多是当年染业中人邀请名流及文人题写。

　　"葛岭"，郑熙题，后有两方钤印：郑熙、皞如。匾额行书横行，书法端庄，落款行书竖列。高1.2米，宽2.45米。

　　"黄庭内景"，杨学洛题。匾额楷书横行，取法颜体，笔力沉雄，墨气酣畅，风格端庄。落款行书竖列，高1.05米，宽2.18米。"黄庭内景"语出《上清黄庭内景经》，为道家著作。

　　"初阳台由此上达；抱朴庐亦可旁通"，陈尚礼撰句，周天鹏书。楹联楷书竖列，书法劲削。每联高2.36米，宽0.26米。此联指示游人游览方向，由此可以上山到达初阳台和抱朴庐。

　　"点缀名山有勾漏丹砂着色；登临绝顶看扶桑旭日来朝"，王家治题，楹联行书竖列，每联高2.34米，宽0.24米。传说葛洪晚年听说炼丹的主要原料出产在交趾郡，要求去做勾漏（今越南河内之西）县县令，结果被广州刺史挽留，未能成行。此句意为宝石山有如勾漏县的朱砂，把名山点缀得更美丽了。扶桑是神话中的一种树木，相传太阳从它下面升起。意为是登临初阳台，便可欣赏旭日前来朝见的奇景。

释文：黄庭内景

乙卯冬日，杨学洛题

相关人物

杨学洛，字云门，杭州人，民国书法家，西湖放鹤亭的匾额也是杨学洛所书。《姜丹书稿》称其"善擘窠大字，浑厚劲挺"。

相关记载

民国徐映璞《杭州山水寺院名胜志·葛岭记》："道右有坊巍然，额题岭名。旁列'初阳台由此直上；抱朴庐亦可旁通'及'点缀名山，有句漏丹砂着色；登临绝顶，看扶桑旭日来朝'两联。一直捷如路碑，一典雅有气魄，本地风光最为贴切。"

民国谢彬《短篇游记》："驶至葛岭山门登陆，山门后面题有'黄庭内景'四字。"

民国海城县公署县志馆编纂《海城县志》："经毓秀庵北望，横悬'葛岭'二字匾额。循径直前见一石牌楼，上刊联云'点缀名山有勾漏丹砂着色，登临绝顶看扶桑旭日来朝'，语殊浑括。旁署王二南撰书。"

民国守安《西湖楹联》中也收录了葛岭山门的这两副楹联。

民国四年杨学洛等题宝灿亭楹联组

释文：蓝桥咫尺神仙路；
丹诀流传道士家。
乙卯冬日杨学洛

释文：台上露擎仙掌白；
　　　塔西雨过佛头青。
乙卯冬日萧山来裕恂撰并书

◇杭州宝石山摩崖石刻集萃

释文：江痕斜界东西浙；
山色都收里外湖。
乙卯十月杭人柯怡陶弇甫书并记

释文：孤隐对邀林处士；
　　　半闲坐论宋平章。
乙卯来裕恂撰句，高邕之书

释文：明月倒涵鱼港棹；
　　　晓霜背听凤林钟。

民国四年乙卯来裕恂撰，诗孙何维朴书

葛岭系

释文：有几两阮公当著；
　　　作一半白傅勾留。
乙卯仲冬，朱锡荣时年七十有七

概况

宝灿亭位于宝石山葛岭山道上，亭柱上共有六副楹联，均刻于民国四年（1915）。每联高 3.3 米，宽 0.3 米。

宝灿亭又名览灿亭。民国年间，颜料染业中人杨叔英、赵雨亭等人，在葛岭上建有多处亭、阁，览灿亭就是其一，亭上楹联邀当时名流撰写。

"蓝桥咫尺神仙路；丹诀流传道士家"，取法唐楷，结字工整，有隶意。"蓝桥"相传为唐裴航遇仙女云英处，这副对联赞赏葛岭为超凡脱俗的道家胜地。

"台上露擎仙掌白；塔西雨过佛头青"，浑厚劲挺，有行书笔意，结体平稳，点画精妙，气韵略逊。上联用仙人捧玉盘的典故，暗指初阳台如仙人玉掌承接雨露。下联描写雨过天晴后，保俶塔周围的山峦青翠如佛发。

"江痕斜界东西浙；山色都收里外湖"，柯怡题，行书竖列。上联中的"东西浙"是指唐宋时便以之江划分东西浙之说。"里外湖"是指西湖水域分为里湖、外湖、西里湖、岳湖、小南湖五部分，这里泛指整个西湖。

"孤隐对邀林处士；半闲坐论宋平章"，淡雅虚静，用笔虚灵，变化而有骨力，布局疏朗，平淡古朴。上联写北宋诗人林逋，下联写南宋权臣贾似道。

"明月倒涵鱼港棹；晓霜背听凤林钟"，平淡古朴，飘逸空灵，有禅意。凤林寺为杭州外八寺之一，现已不存，原址在今香格里拉饭店一带。

"有几两阮公当著；作一半白傅勾留"，朱锡荣题，楷书竖列。上联出自《晋书·阮孚传》。阮孚好穿木屐，他曾感叹道："未知一生能著几量屐。"下联引用白居易《春题湖上》诗中"一半勾留是此湖"名句。

相关人物

杨学洛，字云门，杭州人，民国书法家。

来裕恂，萧山（今属杭州）人，贡生，曾任江西州判。

柯怡，《广印人传》中有相关记载："柯怡，字陶庵，号南柯好，杭州人。工书，善治印。"为西泠印社社员。

高邕之，仁和（今杭州）人，寓上海，官江苏县丞。工书，能以草书作画，孤诣苦心。宣统元年（1909）在上海豫园创立书画善会，为吴昌硕好友。

何维朴，字诗孙，晚号盘止，一号盘叟，又号秋华居士、晚遂老人，湖南道县人，家学渊源。同治六年（1867）副贡，官内阁中书，清末任上海浚浦局总办。工书画，还擅长鉴别古画，精通篆刻，收藏古印甚多，有《颐素斋印存》六卷，晚年寓居上海盘梓山房。

朱锡荣，生卒年不详，同盟会早期成员，辛亥革命期间"南社"成员，有《杭州府学观宋石经赋》。

相关记载

民国徐映璞《杭州山水寺院名胜志》："又若干武，石壁峭立，好事者题曰'仙崖'。左上复有亭，曰'览灿'，中多楹联。如何诗孙之'明月倒涵鱼港棹；晓霜背听凤林钟'、柯陶弇之'江痕斜界东西浙；山色都分里外湖'、来裕恂之'台上露擎仙掌白；塔西雨过佛头青'、来撰高邕之书之'孤隐对邀林处士；半闲坐论贾平章'等，皆洁雅可诵。"

民国胡祥翰《西湖新志》："吴县杨叔英、赵雨亭等，于民国乙卯、丁巳、戊午间，随岭高下，先后建有亭、阁六。初上为流丹阁，再上为喜雨亭、顽石亭、览灿亭，九转亭在抱朴庐后，宝云亭居最高处。俾登临者，随在可以息足。己未，又于初阳台下建一炼丹台，额曰'游仙台'。后石洞中供有葛洪像，盖杨叔英等皆颜料商，以葛洪能炼丹，遂奉为染神也。"

民国谢彬《短篇游记》："折左升数十级，即览粲亭，四面石柱皆刻联语。余最爱'江痕斜界东西浙，山色都收里外湖'一联。"

民国守安《西湖楹联》收录这六副对联。

民国七年周肯堂撰寿鹤庆书"父母""天地"石刻

释文：父母者有形之天地也，天地者无形之父母也。

民国戊午年重九日，仁和周肯堂撰，染业寿鹤庆书

概况

　　石刻位于葛岭抱朴道院下方崖壁上,为周肯堂撰寿鹤庆书于民国七年(1918)。线条丰腴饱满,行以篆籀之笔,结体宽博,敦实沉雄。高 3.6 米,宽 1.8 米,字径 0.35 米。

　　该石刻将父母与天地相比较,不仅传达道教生生不息转化之意,也表达染业商对葛洪的知恩图报、饮水思源之情。染业中人因葛洪在炼丹药时,无意中制出染料,因此将他供为染业祖师。旧时杭州丝绸染业中人,每年农历四月初八葛洪诞辰之日都会集聚葛岭祭祀这位祖师。后来杨叔英等染料商人出资重修葛岭,染业中人刻上了这两行大字。

民国八年张钧衡游葛岭石刻

释文：己未仲春，吴兴张钧衡来游。

概况

石刻位于葛岭流丹阁和抱朴道院之间的叠石假山上,张钧衡题于民国八年(1919)。笔法蕴藉沉稳,结字平正而秀丽。高0.96米,宽0.6米。

1919年仲春,张钧衡来到西湖游览,寻访葛岭,留下了纪念性题刻。宝石山金鼓洞和玉皇山慈云岭古道还有两方"己未仲春吴兴张钧衡来游"石刻,应为同时所作。

相关人物

张钧衡(1872—1927),字石铭,号适园主人,吴兴(今湖州)南浔镇人,文物收藏家。张钧衡在西湖断桥边有别业,名绿柔湖舍,又名志水堂。《西湖新志》:"绿柔湖舍在张公祠西,一名志水堂,为吴兴张氏别业。"《说杭州》:"绿柔湖舍在断桥东,又名志水堂,吴兴南浔富绅张钧衡之别墅。钧衡号石铭,清光绪二十年举人,授兵部车驾司郎中。为吴兴四大藏书家之一。筑适园,藏书十余万卷,有《适园藏书志》。"

民国八年初阳台楹联组

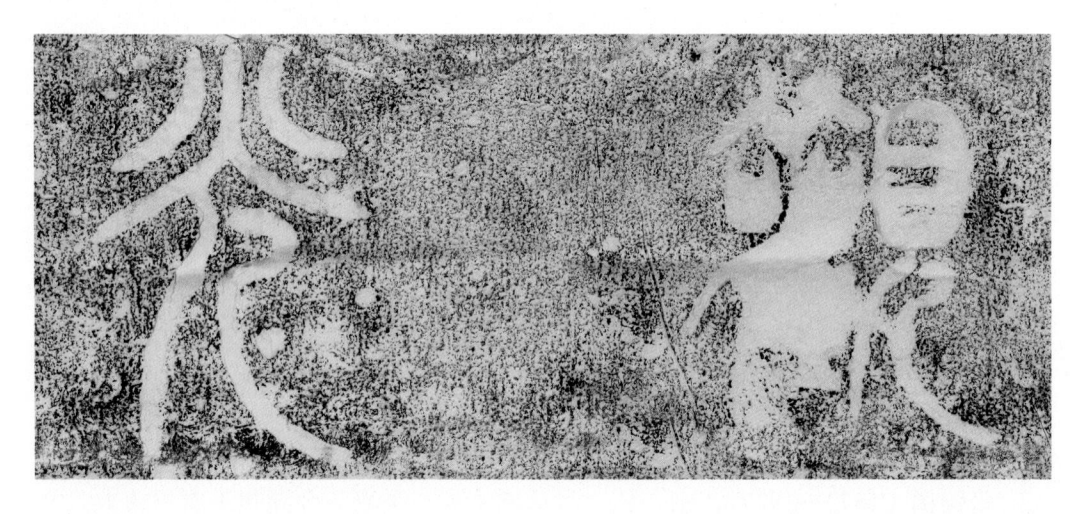

释文：观光

概况

楹联位于葛岭山顶初阳台，题于民国八年（1919）。楷书对联，闲雅，宽博，端庄。每联高 2.81 米，宽 0.26，"观光"，清篆，重心偏高，线条流美。高 0.51 米，宽 1.41 米。

上联写清晨可以登临葛岭，在初阳台上观日出；下联写葛洪在葛岭留下炼丹台、炼丹井等遗迹，人们可到此地与葛洪结闲缘。

最早初阳台虽有台名，但实际上只是山巅的一处平地。民国四年（1915），颜料染业中人出资重修初阳台，即上亭下台的两层建筑，亭中置汤寿潜《重建葛岭初阳台碑记》。后毁，现初阳台为1959年仿民国旧有形制重建后又经重修，亭中改置诸乐三"初阳台"石碑，楹联为原石柱。

相关人物

同游者李守一,名翰芬,字守一,广东香山人,生于清同治年间。光绪二十一年(1895)进士,授翰院编修,曾任广西提学使,与葛园门口楹联作者夏敬观为同年好友。

相关记载

民国守安《西湖楹联》中收录此楹联,文为"晓日初升,荡开山色湖光登绝顶;仙人何处,剩有石台丹井结闲缘。"

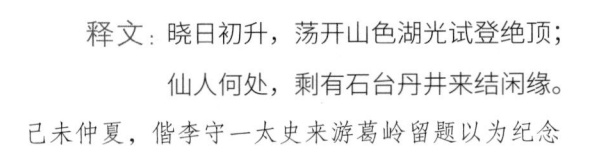

释文:晓日初升,荡开山色湖光试登绝顶;
　　　仙人何处,剩有石台丹井来结闲缘。
己未仲夏,偕李守一太史来游葛岭留题以为纪念

民国八年翁绶琪书流丹阁楹联

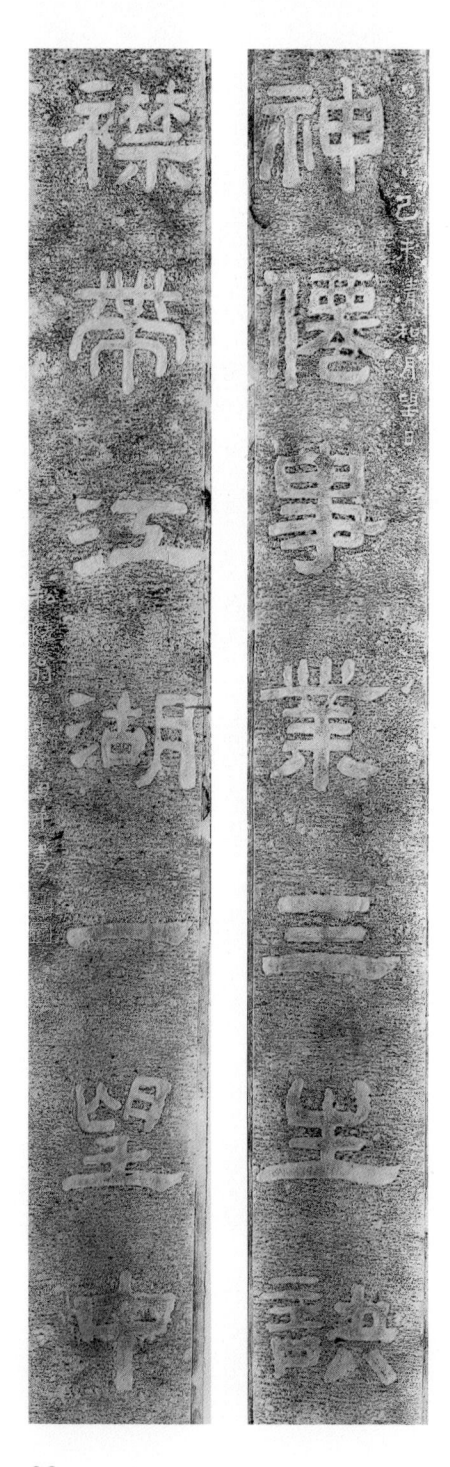

释文：神仙事业三生诀；襟带江湖一望中。

己未清秋月望日，松陵翁绶琪撰句并书

概况

　　石刻位于葛岭流丹阁墙壁上,为翁绥琪题于民国八年(1919)。隶书,方劲平实,厚重外拓,方正充盈。每联高1.94米,宽0.23米。

　　"三生诀"指成仙的秘诀,"襟带"指衣襟和腰带,常形容山水如襟带环抱的地理形势。此联意为:在葛岭可以寻访神仙,探求成仙的秘密,而西湖之境,也尽收眼底。

　　流丹阁为民国时期颜料染业中人建。

相关人物

　　翁绥琪,字印若,翁同龢门生,江苏吴江(今属苏州)人。光绪十七年(1891)举人,后于广西梧州、平安等县为官。好金石,善画山水,能篆刻,摹秦、汉印,著有《汉铜印范考》。

相关记载

　　民国谢彬《短篇游记》:"拾级升山,山半有亭,额曰'咫尺仙台',联曰'神仙事业三生诀,襟带江湖一望中',中署'流丹阁'。"

　　民国海城县公署县志馆编纂《海城县志》:"山门横额刊'咫尺仙台'四字,两楹有联云'神仙事业三生诀,襟带江湖一望中',翁绥琪撰书。吐属大方,字亦苍劲可爱。"

　　民国守安《西湖楹联》收录此楹联。

◇杭州宝石山摩崖石刻集萃

民国十年夏敬观题葛园楹联

释文：分葛仙片席；结逋老芳邻。

民国十年秋日，新建夏敬观题

概况

楹联位于葛岭葛园大门两侧,为夏敬观题于民国十年(1921)。结字平稳匀称,章法整齐,气息疏朗通畅。每联高 2.65 米,宽 0.42 米。

上联中的葛仙指葛洪,下联中的逋老指林逋。相传葛洪曾在葛岭结庐炼丹,林逋隐居杭州西湖孤山。葛园为清末民国陈不凡与妻子林氏的墓庄。此联应为夏敬观为墓主人所题,称赞其千古后与葛洪、林逋为邻,可得清静福报。

相关人物

夏敬观(1875—1953),字剑丞,江西新建(今属南昌)人。光绪二十年(1894)举人,1919 年任浙江省教育厅厅长,后寓居上海。精于词学,著有《词调溯源》《今韵析》等。此石刻为他去职浙江省教育厅厅长前一年所题。

民国姚祝萱《袖珍西湖游记》:"在流丹阁小坐,旁有陈不凡暨其妻林氏之千古佳城。凿石成穴,葬棺入内,分前后两间。前供石桌,后即置柩,表面如上海黄浦滩之石造屋然。有额有柱,约高丈余。入其室,尚有匠人在内工作,据云四年冬动工,迄今数年犹未告竣。"

民国十二年张载阳书"枕漱亭"石刻

释文：枕漱亭

中华民国十二年谷旦，新昌张载阳书

钤印："张载阳印""暄初长寿"

概况

　　石刻位于葛岭抱朴道院下方崖壁上,为张载阳书于民国十二年(1923)。所书雍容大度,笔力圆润,字如其人。高3.6米,宽1.8米,每字高1.2米,宽0.9米。

　　"枕漱亭"化用自成语"枕石漱流",枕漱意即隐居山林。民国十二年颜料染业中人新建了枕漱亭,由时任浙江省省长的张载阳题写亭名,现亭已不存,仅留石刻。

相关人物

　　张载阳(1873—1945),字春曦,号暄初,爱国官员。辛亥革命光复杭州时,张载阳驻守镇海,率军响应,被提拔为旅长,后又任浙军第二十五师五十旅旅长兼杭州警备司令,民国十一年(1922)浙江省省长。喜爱书法,笔法刚健雄厚。

相关记载

　　民国徐映璞《杭州山水寺院名胜志》:"西侧山麓有亭。当泉石之交,曰'枕漱'。内多近人石刻,亦颇不俗。惟梗檐柱础残敝失修,未免使山灵减色耳。"

　　民国钟毓龙《说杭州》:"颜料染业中人以洪炼丹时配成多种染料,奉为祖师。民国时在岭上建抱朴庐,供葛洪像,有吴昌硕书'渥丹养素'横额,并于岭下建山门,庙外建枕漱亭。"

○杭州宝石山摩崖石刻集萃

宝云亭楹联

释文：名高北斗星辰上；
　　　独立东皇太乙前。

概况

　　石刻位于葛岭抱朴道院下方的宝云亭亭柱上，无款。用笔轻松，法度谨严，行草相间，妍美娴雅。每联高2.6米，宽0.3米。

　　此为集句联，上联出自宋代王庭珪《送胡邦衡之新州贬所》其一："囊封初上九重关，是日清都虎豹闲。百辟动容观奏牍，几人回首愧朝班？名高北斗星辰上，身堕南州瘴海间。岂待他年公议出，汉廷行招贾生还。"下联出自陆游《射的山观梅》："凌厉冰霜节愈坚，人间乃有此癯仙。坐收国士无双价，独立东皇太乙前。"两句联均赞国士风骨。

　　民国时期，颜料染业中人出资整修葛岭，宝云亭即为当时所建，亭柱楹联也应为当时所题。

相关记载

　　民国胡祥翰《西湖新志》："吴县杨叔英、赵雨亭等，于民国乙卯、丁巳、戊午间，随岭高下，先后建有亭、阁六。初上为流丹阁，再上为喜雨亭、顽石亭、览灿亭，九转亭在抱朴庐后，宝云亭居最高处。俾登临者，随在可以息足。己未，又于初阳台下建一炼丹台，额曰'游仙台'。"

"还丹古井"石刻

释文：还丹古井

宝汞泉

概况

石刻位于葛岭抱朴道院下方的假山间,未署作者及年月。"还丹古井"四字为楷书,"宝汞泉"三字篆书,书写率意。通高0.8米,宽0.5米。

石刻上有一"双泉纹",为双钱相交,钱眼镂空。"钱眼"寓"眼前",双钱,又称双泉,寓双全,有富贵双全、眼前即富之意。"还丹"为道家术语,指的是丹砂烧成水银之后,放置到一定时间水银又还原成丹砂。据晋葛洪《抱朴子·金丹》载:"若取九转之丹,内神鼎中,夏至之后,爆之鼎热,内朱儿一斤于盖下,伏伺之,候日精照之。须臾,翕然俱起,煌煌辉辉,神光五色,即化为还丹。""宝汞泉"中的"汞"指的就是水银。

铁海道人题"流丹千古"石刻

释文：流丹千古

壬辰冬月，铁海道人题

概况

石刻位于葛岭抱朴道院南侧崖壁上，为铁海道人题于 1952 年。线条方折，古拙率真，结字紧密，雄峻伟茂。高 0.66 米，宽 1.9 米。

全真教铁海道人游访道教胜地抱朴道院后留下了这方石刻，称颂道教先辈葛洪的事迹流传千古。

相关人物

铁海道人，原名陈铁海，生卒年不详，原为浙江温岭紫阳宫全真道士，与同乡全真道士蔡启良为募修浙江天台紫阳宫抵达上海，后开设紫阳宫上海分院，陈铁海为主理人，招募了布厂女工王小金（王理莲）、华云梅（华理法）等出家于紫阳宫，改紫阳宫为沪上第一座女冠庙观，在社会上激起强烈反响。

华理法题"鼎炉"石刻

释文：鼎炉

壬辰冬日，上海华理法

概况

石刻位于葛岭抱朴道院下方假山上，为华理法题于1952年。用笔方圆兼备，结字疏宕欹侧。高0.6米，宽0.4米。

"鼎炉"为道教用语，既指炼丹的器具，也指人的身体乃至天地。

相关人物

华理法，原名华云梅，生卒年不详，原为上海达丰布厂女工，1937年于紫阳宫出家，为全真教铁海道人弟子。

沈金妹题"人间福地"石刻

释文：人间福地

壬辰冬日，申江沈金妹

概况

　　石刻位于葛岭抱朴道院下方假山上，为沈金妹题于1952年。石刻竖式，给人用笔厚实、潇洒古淡之感。高0.55米，宽0.45米。

　　"福地"指神仙居住之处，道教有七十二福地之说，亦指幸福安乐之地。旧时常以称道观寺院。此石刻落款与铁海道人等都是同一时期，作者或为全真派道士陈铁海弟子，沪上紫阳宫女冠之一。

严丽贞题"不亚蓬瀛"石刻

释文：不亚蓬瀛

壬辰冬日，严丽贞题

概况

　　石刻位于葛岭抱朴道院下方假山上，为严丽贞题于1952年。内含刚柔，神韵渊穆。高0.55米，宽0.35米。

　　"蓬瀛"指蓬莱和瀛洲，神山名，泛指仙人居住的地方，石刻意为此地可与仙境比肩。

相关人物

　　严丽贞，生卒年不详，上海人，擅古琴。

铁海道人题"葛岭"石刻

释文：湖山唯一胜境

葛岭

癸巳春日，铁海道人题，胡海牙勒石

概况

石刻位于葛岭抱朴道院和流丹阁之间的山道崖壁上，为铁海道人题于1953年。笔力沉雄，墨气酣畅，气度恢宏，风格端庄，劲节沉毅。通高2.4米，宽1.2米。

该石刻镌此以表地名，铁海道人称赞此地为"湖山唯一胜境"。

相关人物

题者铁海道人，原名陈铁海，原为浙江温岭紫阳宫全真道士，与同乡全真道士蔡启良为募修浙江天台紫阳宫抵达上海，后开设紫阳宫上海分院。

勒石者胡海牙（1914—2013），为中国道教协会会长陈撄宁弟子，著名中医。

梦蝶子题"葛岭仙踪"石刻

释文：葛岭仙踪

　　　梦蝶子

概况

　　石刻位于葛岭抱朴道院下方崖壁上，为梦蝶子所题，未署年月。苍劲古朴，方正挺拔。高 0.8 米，宽 0.3 米。

　　该石刻与葛岭葛洪的传说相关。题者署名"梦蝶子"，语出《庄子·齐物论》庄周梦蝶的典故。

姬金妹题"仙岭胜境"石刻

释文：仙岭胜境

壬辰冬日，姬金妹

概况

　　石刻位于葛岭宝灿亭下方假山上，为姬金妹题于1952年。厚重圆腴，从容安详之感。高0.9米，宽0.75米。

　　"仙岭"指葛岭，此题刻为称赞葛岭为人间胜境。从时间及内容来看，该石刻与"流丹千古""不亚蓬瀛""人间福地"等同时所题。

倪尚益题"咫尺瑶台"石刻

释文：咫尺瑶台

癸巳元旦，倪尚益题

概况

　　石刻位于葛岭抱朴道院和流丹阁之间的山道崖壁上，为倪尚益所题，作者生平不详。略带隶意，书写质朴，端庄肃穆。通高 1.8 米，宽 0.9 米。

　　瑶台指传说中的神仙居处，在这里指代抱朴道院。作者借此石刻，暗示从此石刻处向上数步，便可到达抱朴道院。

○杭州宝石山摩崖石刻集萃

菩提精舍区域

菩提精舍位于葛岭南麓，始建于民国十五年（1926），由24位沪浙商界名流联合筹款建造。他们以居士身份筹款建设，以此作为念经礼佛修身之地。后来菩提精舍经多次转卖，现为中国共产党杭州历史馆。

菩提精舍坐北朝南，二进院落。大殿为砖木结构，青石地面之间有一块汉白玉石龙形石雕。大殿右侧墙上嵌有石碑一块，上书印光法师《创建菩提精舍缘起碑记》。四根石柱上刻吴昌硕、喻长霖所题对联两副。

民国十五年释印光撰
《创建菩提精舍缘起碑记》碑

释文：同登彼岸

　　创建菩提精舍缘起碑记

　　净土法门者，十方三世一切诸佛，上成佛道，下化众生，成始成终之法门也。以如来所说一代时教，种种法门，皆须修持功深，亲到业尽情空地位，方可了生脱死，超凡入圣。若惑业未尽，则生死轮回决定莫出，纵有修持，只得世福，及作未来得度之缘种而已。此系仗自力以了生死者之难也。净土法门，以深信切愿，持佛名号，求生西方。兼以敦笃伦常，恪尽己分，诸恶莫（作），众善奉行，以己信愿，感佛慈悲，感应道交，故于临命终时，即蒙佛慈力，亲垂接引，往生西方也。固无论惑业之有无，功夫之浅深，但具真信切愿，虽罪业深重者，尚能出此三界，登彼九莲，况戒善齐修，定慧均等者乎？此系全仗佛力，兼仗自力以了生死者，故于一代时教法门之中，名为特别法门，不得以通途仗自力法门并论也。良由以果地觉，为因地心，故得因该果海，果彻因源。以故千经万论，处处指归，往圣前贤，人人趣向。以其为了生脱死之捷径，超凡入圣之妙法故也。溯自大教东来，庐山远公，创开莲社。与僧俗一百二十三人，精修净业，咸得往生。自后代有高人，为之提倡，而天台、清凉、永明、大智等，其发挥阐扬，尤为不遗余力。由是莲风遍及中外，因兹出五浊以预海会者，又何可以算数譬喻而得知其数哉？

　　近来世道人心，愈趋愈下，凡怀忧世之心，欲为救援者，莫不以归心佛法，提倡因果报应及戒杀护生，信愿念佛，求生西方为志事。今有居士丁甘仁、倪大椿、谭步韶、谭石卿、沈晋镛、严子良、林双泉、傅芳廷、傅裕经、谭子临、吴祖昌、孙良臣、陈载峰、庄海涛、谢崇华、谭海秋、金梦如、田玉树、傅梦弼、罗稚云、傅裕斋、李述初、谭竹馨、谭肇贵等宿植德本，笃信三宝，虽俱商业，志求出世，拟于杭州西湖建一精舍，以作现在随力修持，老来专心办道之所，佥称曰善。遂购地建筑，不二年而工竣，因名之为菩提精舍。其基地二亩六分七厘，共为两进。前为大殿，五间，中供西方三圣，旁供八十四咒神，左供大悲，右供地藏。以作念佛礼诵之所。后阁五间三层，中层中堂供二十四人祖先牌位，以显会预莲池，常侍弥陀，即得亲证无量光寿之体用，不生不灭之佛性。其前后次序，悉以当人之年齿为准。两旁及中层，分装房间，以作社友静修之所。下为客厅，旁作养心堂，以备高人杰士暂时憩息。

　　其宗旨大纲有五：一本精舍原为社友各有职业，不能常住专修，故礼请真心办道之戒僧七位，常年修持，每日二时课诵，三时念佛，以为诸社友乘暇来此静修之向导。衣单食用，通归社友摊任。二本精舍乃二十四人公同建立，公同经管，将来继管之权，每人只传一房，须择其性质与佛法相应者，其余子孙，概不过问，以免支派蕃衍，无处安居，及人各异见，或致纷争耳。三本精舍原为自修而设，与寺庙性质各别，不得应酬社外人经忏佛事，即逢年节，亦不任人烧香，唯社友或有祈祷，或有追荐，则无所碍。四本精舍以专修净业清净持戒为主旨，荤酒不许入门，凡下棋打牌，以及与佛法相违之事，一概禁止，凡诸社友，各宜自勉。五本精舍原为社友静修而设，其居住日期，随己心意，唯不得携带女眷及小孩等，设或家眷欲来瞻礼，固无不可，但须即日便去，决不许女眷住宿，以期无妨清修，息世讥嫌，俾菩提二字，得以光大而扩充之，则为幸大矣。

综此僧俗修持功德，上祈各人历代祖宗，现生父母，消除无始恶业，增长殊胜善根，预莲池之海会，证本具之法身。又祈凡住此念佛诸师，及诸社友，与诸眷属，三障冰消，五福云集，生入圣贤之域，没归极乐之邦。又祈见者闻者，各各效行，共转凡心，以成圣智，则礼让兴而兵戈永息，忠恕起而物我同观。庶天下太平，人民安乐，唐虞盛世之风，便可见于今日。而人皆可以为尧舜，人皆可以作佛之语，悉得其实证焉。此诸居士创建精舍，题名菩提之本心也，因略述之。

民国十五年丙寅夏历九月十九日精舍落成
古华常惭愧僧释印光谨撰

概况

　　石刻位于宝石山南麓菩提精舍院落内,为释印光题于民国十五年(1926)。同登彼岸碑,颜体书风,严谨整饬,笔法清晰,力足锋中,骨力强盛。高 2.01 米,宽 0.96 米。

　　1926 年,24 位沪杭商人以居士的身份筹集款项,于北山街依山临湖之处购置了二亩六分七厘地,创建了菩提精舍,作为念佛礼诵之所,并由释印光撰写了缘起碑记。碑记先是宣扬了净土宗佛法,而后记载了菩提精舍创建缘起和当时的形制,以及精舍的五条宗旨大纲,最后祈愿创此精舍,诸居士可修持功德,消三障,集五福,成圣智,终得安乐。

相关人物

　　释印光(1861—1940),即印光法师,法名圣量,字印光,自称"常惭愧僧",又因仰慕佛教净土宗开山祖师——当年在庐山修行的慧远大师,故又号"继庐行者"。俗姓赵,名丹桂,字绍伊,号子任,陕西郃阳(今合阳)路井镇赤东村人。印光大师被后世尊为莲宗第十三祖。印光大师与近代高僧虚云、太虚、谛闲等大师均为好友,弘一大师为其弟子。后人将其与虚云、太虚、弘一并列,合称为"民国四大高僧"。

相关记载

　　此碑记收录于印光法师编著的《增广印光法师文钞》卷四。

民国十五年吴昌硕书菩提精舍楹联

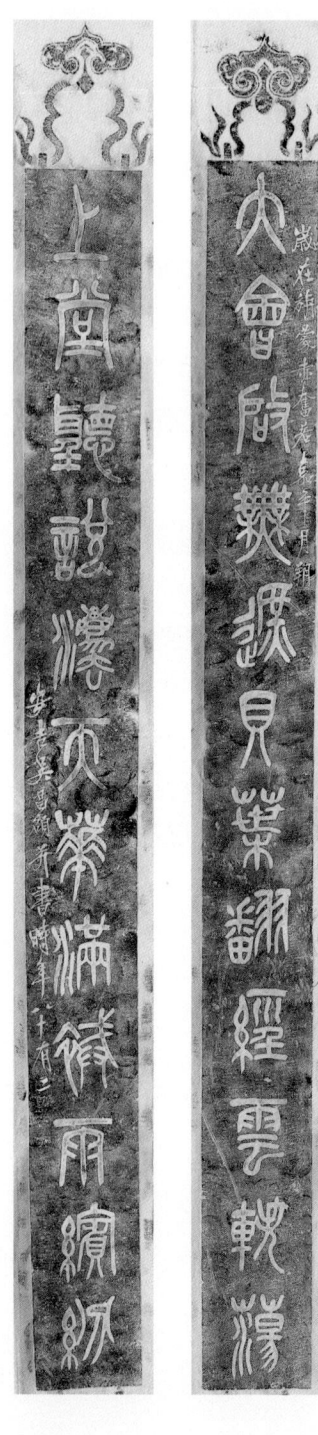

释文：大会启无遮，贝叶翻经云轶荡；
　　　上堂听说法，天华满袯雨缤纷。
岁在旃蒙赤奋若嘉平月朔，安吉吴昌硕并书时年八十有二

概况

石刻位于宝石山南麓菩提精舍院内石柱上，为吴昌硕题于1926年。雄厚古朴，线条挺拔，苍茫古厚，真气弥漫，气势雄浑。每联高3.64米，宽0.28米。

"旃蒙赤奋若"为星岁纪年，即乙丑年，"嘉平月"为十二月。此联题于1926年。"无遮"是佛教用语，意为佛法包容广大，没有遮蔽。"贝叶"指经书。"轶荡"意为自由自在，无拘无束。"天华"即天花，为佛教用语，指西方极乐净土的仙花。此联描写说法引起天界感应，天花纷纷降落。

相关人物

吴昌硕（1844—1927），名俊卿，字昌硕，别署苍石、缶庐、苦铁，人称缶老，浙江安吉人。吴昌硕为诗书画印四绝的一代名家，善以石鼓文入印，印风苍厚淳朴，自成一派，著有《缶庐集》《缶庐别存》。西泠印社成立后，吴昌硕被推举为第一任社长。

民国十五年喻长霖题菩提精舍楹联

释文：地临西子湖边，一望超然万缘寂；
人羡菩提佛国，须知普度众生难。

丙寅四月黄岩喻长霖

概况

石刻位于宝石山南麓菩提精舍院内石柱上，为喻长霖题于民国十五年（1926）。玉箸篆风格，结字奇丽，骨气豪爽，气息高雅。每联高 3.64 米，宽 0.28 米。

"万缘"指一切因缘，此联意为：菩提精舍位于西湖边，看到开阔之景，能够超脱世外，从而不生一念。而人人都羡慕菩提佛国的美好，想要上求菩提，却不知道下化众生之难。勉励菩提精舍众人上求菩提，下化众生，潜心修习佛法。

相关人物

喻长霖（1857—1940），浙江黄岩人，字志韶，清季榜眼，篆书丰腴圆润。1907 年起任两浙师范学堂监督，1926 年主修《台州府志》。

栖霞系

栖霞岭，又名剑门岭、剑门关，旧多桃花，开时灿然如霞，故以名。宋时已见诸文献，元代又曾称赤岸岭。岭上林木蓊郁，水名桃溪，陈时有诗言景颇为贴切："岭上何所有，夹路多桃花。沿溪一万树，芳春灿红霞。"

栖霞岭岩洞众多，如紫云洞、金鼓洞、银鼓洞、栖霞洞、黄龙洞、香山洞等，泉石妍秀谽谺，游人见之称奇。因此前人多于洞内崖壁上留字吟咏。

除却石洞，岭上亦多石泉，泉水落注崖石间泠泠然。闻名者如白沙泉，为明神宗万历年间所得，康有为题书"白沙泉"三字嵌刻于假山间。此外还有紫云洞七宝泉、金鼓洞金果泉等题刻，令人目不暇接，流连忘返。

《栖霞岭北诸胜图》（清·朱文藻《金鼓洞志》卷一）

棲霞嶺北諸勝圖

《栖霞岭北诸胜图》（清·朱文藻《金鼓洞志》卷一）

天地精華

半生

冰壺玉鑒

棲霞嶺北諸勝圖

紫云洞区域

紫云洞，明清时誉为栖霞五洞景之冠。前人游览紫云洞，往往先拜山脚下岳飞墓，经双灵亭，再拜紫云洞下牛皋墓，最后经由妙智庵前往紫云洞。

紫云洞洞体呈东北、西南向，由倾斜的巨岩和地面斜交而成。洞长80余米，最宽处有30多米，狭处仅容一人通过，洞中可见开凿采石及山体崩塌的痕迹。洞分内外二进，蜿蜒深入，岩壁如削，洞底宽大如屋，可容纳百余人。《西湖志类钞》言"倚空如悬，阴凉彻骨"。

明朝方九叙曾在此结"紫云诗社"，清代乾隆皇帝曾多次来此赏玩。洞内有一组西方三圣像，现像已重妆。据晚清文献记录，紫云洞有较多佛教活动，香客们除了诵经拜佛，还打水注汤瀹茗，于此食用斋饭。

○杭州宝石山摩崖石刻集萃

清乾隆三十年御制《紫云洞口号》诗碑

释文：春暄攀陟汗流浆，牝洞入才迫体凉。

却上丹梯不数武，转温仍欲换衣裳。

紫云洞口号，乙酉春闰月御笔

钤印："所宝惟贤""乾隆御笔"

概况

该诗碑嵌于紫云洞外院墙壁上，为爱新觉罗·弘历题于清乾隆三十年（1765）。此碑用笔轻松，法度谨严，沉稳中有飘洒风神，碑高0.65米，宽1.15米。

清乾隆皇帝六下江南均曾到杭州西湖宝石山，该碑上所刻七言诗即为乾隆皇帝第四次南巡时所题。此诗记叙了乾隆皇帝春季探访紫云洞时，由于紫云洞"阴凉彻骨"，而体验到洞内外的较大温差，不得不屡次更衣。

相关人物

爱新觉罗·弘历（1711—1799），清朝皇帝，年号"乾隆"。

相关记载

《御制诗》卷四十八、清高晋编撰的《南巡盛典》卷十三、清郑澐修、邵晋涵纂乾隆《杭州府志》首卷四均收录此诗，诗题为"紫云洞口号"，另此诗可见于清朱文藻编纂的《金鼓洞志》卷一，诗题为"御制紫云洞口号诗"。

民国卢文杏《西湖游记》："去栖霞洞数十武，有紫云洞。倚空如悬，尤阴邃生寒。游人挥汗如雨，一入其中，则遍体清凉，俨住水云乡里。洞内有石磴数十级，可跻山巅；惟洞幽磴滑，不易攀陟。其下有七宝泉，深不可测。洞口有一石碑，镌前清高宗游紫云洞口号四句，云：'春暄攀陟汗流浆，牝洞入才迫体凉。却上丹梯不数步，转温仍欲换衣裳。'可谓描摹尽致。"

民国克士《杭游杂记》："因洞石深沉，故颇幽暗飒凉，夏日游此当尤有快感，转角处有清乾隆所题石碑：'黄龙带左栖霞右，牝洞居然据路中。未可鸣鞭过弗入，春风坐似拂秋风。'又：'春暄攀陟汗流浆，牝洞入才迫体凉。却上丹梯不数武，转温仍欲换衣裳。'"

○杭州宝石山摩崖石刻集萃

清乾隆三十年御制《水乐洞》诗碑

释文：八音独无水，一洞乃兼全。激石才纯若，摐金恒绎然。

竹丝匏有坏，土木革非坚。不待太师作，千秋角徵弦。

乙酉春闰御题

钤印："所宝惟贤""乾隆御笔"

概况

该诗碑嵌于紫云洞外院墙壁上，为爱新觉罗·弘历题于清乾隆三十年（1765）。用笔轻松，妍美娴雅，有二王风采。碑高 0.95 米，宽 0.64 米。

该碑上所刻五言律诗为清乾隆皇帝第四次南巡时所题。题诗描写了洞中水声如奏乐器，清悦美妙。

此诗碑虽位于紫云洞外，但实际上描写的应为水乐洞，后期嵌于此地。水乐洞位于烟霞岭东麓的上满觉陇，洞口有清泉流出，以水声如金石之乐著称。宋《淳祐临安志》卷九称"常有水声，如击金石，故以名之"。

相关记载

《御制诗》、清高晋《南巡盛典》和清邵晋涵纂的乾隆《杭州府志》首卷四均收录此诗，题为"水乐洞"。

清乾隆四十五年御制《紫云洞》诗碑

释文：黄龙带左栖霞右，牝洞居然据路中。
未可鸣鞭过弗入，春风坐似拂秋风。
庚子暮春月御题

概况

该诗碑嵌于紫云洞外院墙壁上,为爱新觉罗·弘历题于清乾隆四十五年(1780)。字里行间流露出端庄典雅、飘逸隽秀之风。碑高1.13米,宽0.67米。落款末钤印两方,已毁,印文不详。

该碑上所刻七言诗为清乾隆皇帝第五次南巡时所题。此诗点出了紫云洞的位置在黄龙洞和栖霞洞之间,以及洞内阴凉的特点。

相关记载

《御制诗》和清高晋《南巡盛典》收录此诗,题为"紫云洞"。

民国克士《杭游杂记》:"因洞石深沉,故颇幽暗飒凉,夏日游此当尤有快感,转角处有清乾隆所题石碑:'黄龙带左栖霞右,牝洞居然据路中。未可鸣鞭过弗入,春风坐似拂秋风。'"

○杭州宝石山摩崖石刻集萃

清乾隆四十九年御制《紫云洞》诗碑

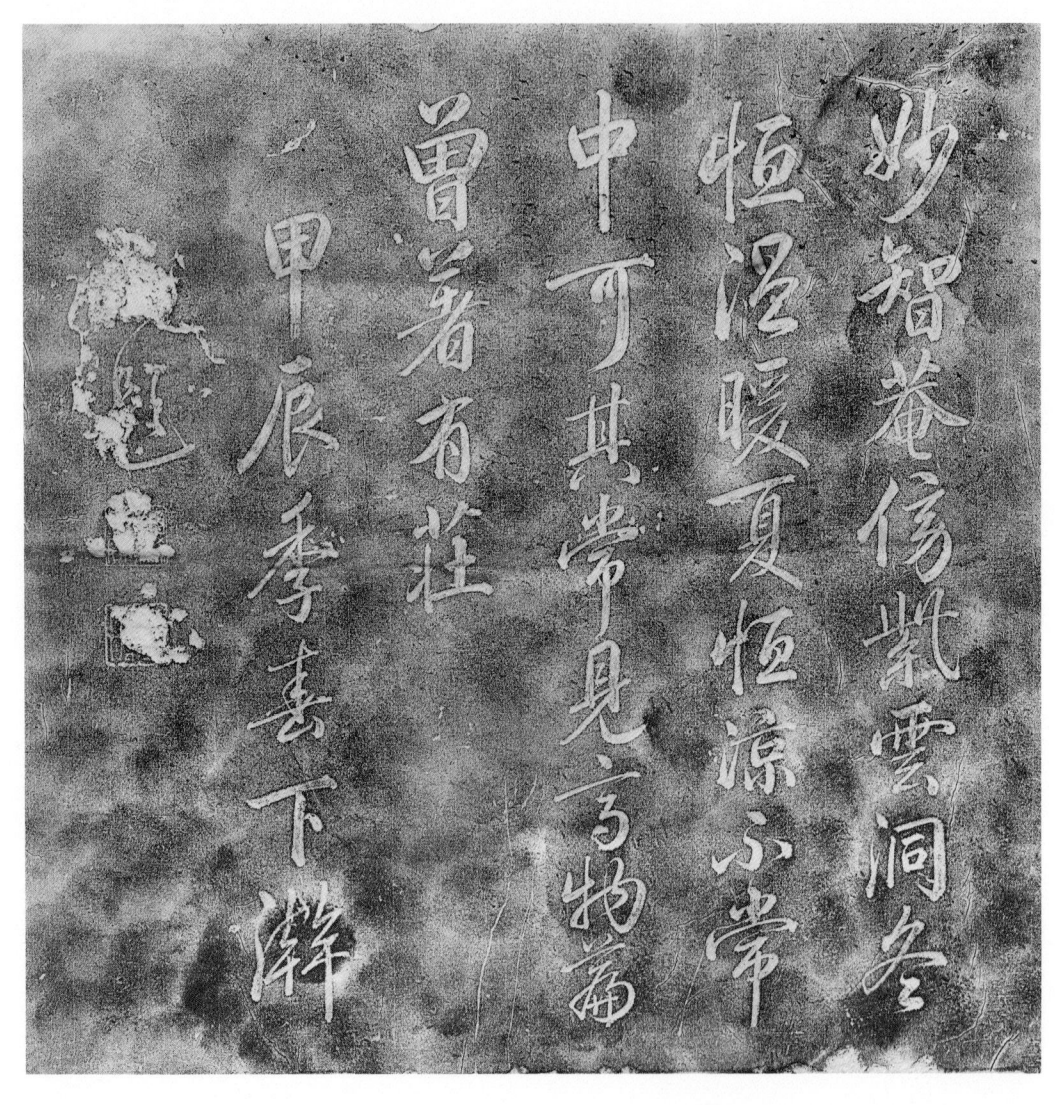

释文：妙智庵傍紫云洞，冬恒温暖夏恒凉。

不常中可其常见，齐物篇曾著有庄。

甲辰季春下浣御题

概况

　　该诗碑嵌于紫云洞外院墙壁上,为爱新觉罗·弘历题于清乾隆四十九年(1784)。笔法精到,字字精雅,雍容大气,精雅绝伦。碑高0.38米,宽0.64米。题诗末尾钤印两方,已毁,印文不详。

　　该碑上所刻七言诗为乾隆四十九年(1784)第六次南巡时所题。此诗从紫云洞内四季恒温,联想到道家所言无常与恒常。

　　诗中提到的妙智庵原在栖霞洞旁,宋开宝四年(971)太尉张公建,宋室南渡之后,改为岳飞部将牛皋的香火院,现庵已不存。

相关记载

《御制诗》和清高晋《南巡盛典》收录此诗,题为"紫云洞"。

清曾国荃题"冰壶玉鉴"石刻

释文：冰壶玉鉴

钤印："曾国荃印"

概况

石刻位于紫云洞口崖壁上，为晚清曾国荃所题。行书笔意，书写灵动，刚柔并济，字法紧凑有劲道。高 0.65 米，宽 1.7 米。

"冰壶"与"玉鉴"本身都是明亮可鉴、冰清玉洁之物，也比喻人的品德高洁，而紫云洞本身也清爽雅致，与冰壶玉鉴形成了呼应。

相关人物

曾国荃（1824—1890），字沅浦，号叔纯，又名子植，湖南湘乡人，清代名臣曾国藩的九弟，湘军统领，以攻打太平军、攻陷天京有功受封，晚年任两江总督。曾国荃早年随曾国藩于京师求学，道光二十二年（1842）离京，至咸丰二年（1852）被录取为贡生。同治元年（1862）正月授浙江按察使，同治二年迁江苏布政使。其书法作品多楷书，严整端正，苍劲有力，有碑派书法的风采。

清光绪二十七年陈元浚书双灵亭楹联组

释文：美擅湖山，数胜迹重重都向峰头观气象；
　　　地邻忠烈，溯游踪历历偶来亭畔哭英雄。
　　光绪辛丑孟冬上浣，栖霞洞主文通募缘重建，钱塘陈元浚书

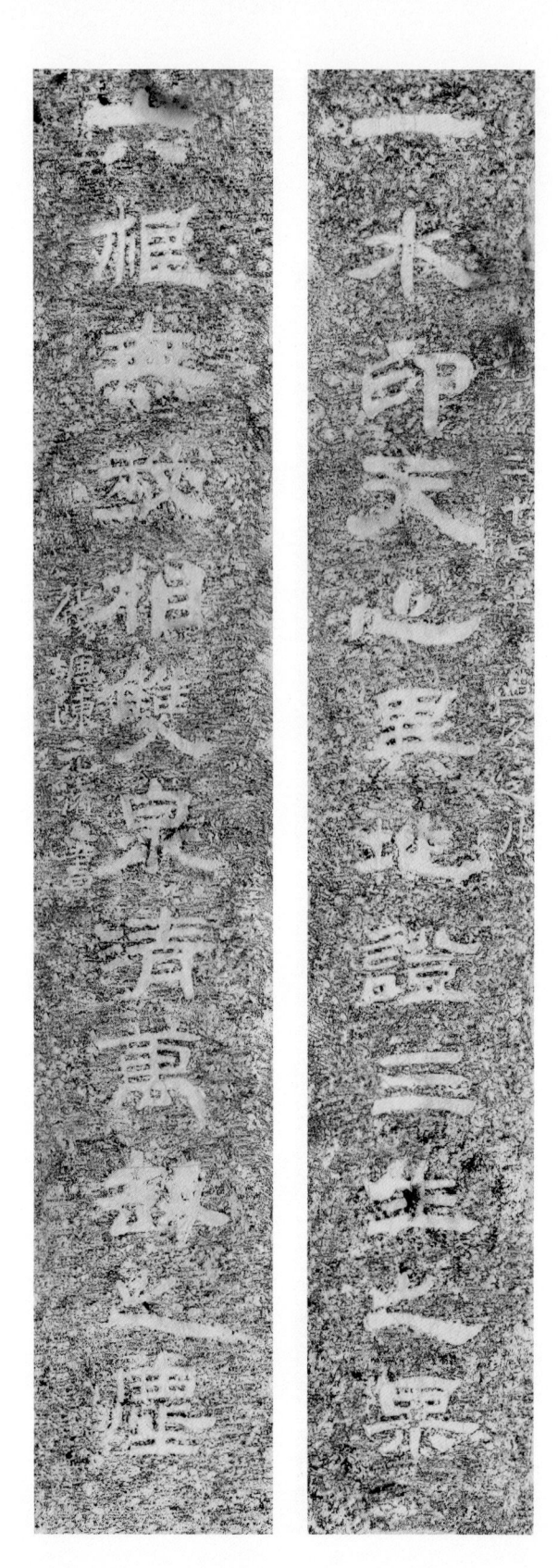

释文：一水印天心，异地证三生之果；
　　　六根无我相，双泉清万劫之尘。
光绪二十七年孟冬之月，钱塘陈元浚书

概况

　　石刻位于栖霞岭山道双灵亭亭柱上，为陈元浚题于清光绪二十七年（1901）。石刻每联高 3.3 米，宽 0.32 米，秀逸遒丽，笔致翩翩，骨肉匀适，波磔分明。

　　"一水印天心，异地证三生之果；六根无我相，双泉清万劫之尘。"此联中，"六根"指眼、耳、鼻、舌、身、意六种感觉器官。"我相"为佛教用语，凡是可以证"我"存在的任何境界，都是"我相"。"双泉"在这里指金果泉和白沙泉。联意宣扬佛家"清净无我"的观念，赞美此地泉水清冽。

　　"美擅湖山，数胜迹重重都向峰头观气象；地邻忠烈，溯游踪历历偶来亭畔哭英雄。"此联中，"忠烈"指抗金英雄岳飞，意为：栖霞岭位于西湖边，湖光山色惟其最佳。登上栖霞岭，可眺望西湖，风景名胜历历在目，气象万千。栖霞岭距岳飞墓不远，在亭边念及岳飞生平，可偶尔来此缅怀英烈。

相关人物

　　陈元浚，字之璇，为西泠印社社员。

相关记载

　　民国克士《杭游杂记》："过此不数武至双泉亭，屋已颓败，上有陈之璇所书一联：'美擅湖山，数胜迹重重都向峰头观气象；地邻忠烈，溯游踪历历偶来亭畔哭英雄。'所谓英雄殆指岳墓而言，栖霞洞在山岭，昔曾有胜迹可访，今已荒芜。"

民国七年紫云洞山门楹联组

释文：灵鬼灵山风马云车历历；
　　　一邱一壑玉阶凉夜惜惜。

志载：栖霞岭有紫云洞，峭耸悬空，阴凉彻骨，宋辅文侯牛公墓在焉。今者重建坊表，因截取定庵句铭其柱。民国弟七戊午汪嶔题，胡宗成书

释文：紫云胜境

民国七年冬，张载阳题

钤印："张载阳印""暄初长寿"

概况

山门位于紫云洞外，额与楹联均题于民国七年（1918）。

"紫云胜境"，张载阳题，线条饱满，笔力圆润，雍容大度，雄厚刚健。通高0.9米，宽3米。

"洞天福地"，周承德书，隶书横行，落款隶书竖列，字体端稳，通高0.9米，宽3米。

"灵鬼灵山风马云车历历；一邱一壑玉阶凉夜惜惜"，汪钦题，胡宗成书，楷书竖列，字体遒劲而静穆，每联高2.7米，宽0.4米。此联集自龚自珍诗词，"灵鬼灵山"出自《三别好诗》："杭州几席乡前辈，灵鬼灵山独此声。""风马云车历历"出自《霓裳中序第一》："风马云车历历，见桂葆乍迎娇如雪。""一邱一壑"出自《己亥杂诗》："一丘一壑我前导，重话京华送我情。"仍是一山一水之意。"玉阶凉夜惜惜"出自［醉太平］："玉阶良夜惜惜。有花阴月阴。"此联意为栖霞岭有诸多名人埋骨于此，湖山因此不凡，山水清绝，良夜静寂。

楹联上款提及宋辅文侯牛皋墓，在栖霞岭下，墓砌石作圆形，现墓前有牌坊。牛皋（1087—1147），字伯远，宋代汝州鲁山（今河南鲁山）人，抗金名将。绍兴三年（1133）加入岳家军，为岳飞所看重。

释文：洞天福地

民国七年，周承德书

相关人物

张载阳（1873—1945），字春曦，号暄初，爱国官员。辛亥革命光复杭州时，张载阳驻守镇海，率军响应，被提拔为旅长，又任浙军第二十五师五十旅旅长兼杭州警备司令，后任浙江省省长。喜爱书法，笔法刚健雄厚。

周承德（1877—1935），字逸舜，号观无居士，海宁盐官人。博学好古，工书法篆刻，尤其擅长汉隶及唐楷，曾参加南社，并为西泠印社创始人之一，一度还担任过社长。此石刻为作者1900年回国后，在杭州求是书院教习时所作。

汪钦，字曼峰，一作茛峰，别署黄海峰郎，浙江杭州人，中华民国杭县第一任县知事。汪钦善诗文、书法，工行、草，笔致劲挺，姿势开张，是西泠印社赞助人之一。

相关记载

民国克士《杭游杂记》："紫云洞离香山洞约一里，景至幽胜。是日天气晴和，游人以肩舆来者甚多，山门一联'灵鬼灵山，风马云车历历；一丘一壑，玉阶凉夜愔愔'，辞意颇佳。"

民国秋雁《武林纪游》："过宋牛皋墓，至紫云洞，外垣署'紫云胜境'，内即妙智寺。右转为紫云洞之僧寮，就山峰为基，小巧玲珑，别具匠心。正为大雄宝殿，右即紫云洞，洞口有'洞天福地'之横额，及清乾隆御制诗。"

民国九年何秀峰等题紫云洞石刻

释文：□□□□

民国九年中秋，广东何秀峰、黎民伟、戴慕贞、严淑惟、周淑芬纪念

概况

石刻位于紫云洞崖壁上，为何秀峰、黎民伟、戴慕贞、严淑惟、周淑芬一行五人题于民国九年（1920）。题名秀润圆劲，高0.4米，宽0.73米。

相关人物

何秀峰（1898—1970），亦名念劬，号印庐、冰盦，广东中山人，篆刻家，曾活跃于上海印坛。印作得元人及西泠遗法，家藏名家印凡千许，有《印庐藏印》《印庐印存》等。

黎民伟（1893—1953），原籍广东新会县都会村，出生于日本，是中国电影事业的拓荒者之一，有中国"纪录片之父"的美称。

民国十年林尔嘉题"觉路"石刻

释文：觉路

民国十年夏龙溪林尔嘉题

概况

石刻位于栖霞岭双灵亭至紫云洞的路边崖壁上,为林尔嘉题于民国十年(1921)。石刻高 1.1 米,宽 0.7 米,款识具颜体体势,丰腴饱满,端庄方正。

"觉路"为佛教用语,指成佛、开悟获得智慧之路。此石刻题于栖霞岭山路一侧,应为称颂栖霞岭为向佛之路,走在此路上,即走在开悟之路上。

相关人物

作者林尔嘉(1874—1951),字菽庄、叔臧,别名眉寿,晚年号百忍老人。原名陈石子,是厦门抗英名将陈胜元五子陈宗美的长子。林尔嘉在闽台是颇有声望的人物之一,曾多次来杭。此石刻应是作者寓居上海期间,来杭游玩时所作。

民国十六年吴昌硕周庆云诗碑

释文：水流云在佛颜开，烂眼袈裟绣石苔。恶紫夺朱乌可说，蓬蓬紫气碍东来。
前度逢君散百愁，灵峰亭子望湖楼。无端圮我王妃塔，一抹残阳五业收。
词仙食德配朝云，竖拂谈禅乐众宾。梦语酬君醒梦否，一轮明月两前身。
　　　　梦坡先生以紫云洞诗见示，和三绝句。丁卯夏吴昌硕年八十四

谁凿空山顽石开，阴霾犹自郁莓苔。路幽洞迥天光见，三圣西方接引来。
　　　　（紫云洞初入黝黑，行半豁然开明。行□□□其石壁从下斜上，
　　　　成屋形，奇境也。洞底□刻西方三圣像，有碑记。）
思超极乐便无愁，安隐湖头傍佛楼。去住随缘常自署，默参禅理画中收。
　　　　（缶老寓孤山印社高楼，其写件常自署去住随缘室，盖□乎禅味矣。）
一枝妙笔扫烟云，敬礼能临海外宾。象范石龛成佛相，须知不坏是金身。
　　　　（印社有范金象端坐石龛，为扶桑□□□海外铸赠。）
丁卯□□夏偶游紫云洞，成诗三绝，呈缶老教督。吴兴周庆云漫稿，武林
俞廷卜□□春同刻

概况

该诗碑嵌于紫云洞外茶室墙壁上,为吴昌硕、周庆云题于民国十六年(1927)。线条老辣,力透纸背,纵横恣肆,气势雄强。通高0.63米,宽0.65米。

石刻题诗共六首,此时吴昌硕正寓居西湖孤山西泠印社"题襟馆",吴昌硕曾说"居于此,则湖山之胜,必当奔集于腕下,骈罗于胸中"。某日,吴昌硕与周庆云同游紫云洞,有感于紫云洞之景,周庆云先成诗三首,呈给吴昌硕教督,吴昌硕看后又和诗三首。周庆云三首诗末尾各有注释,但多数已漫漶不清。

相关人物

吴昌硕(1844—1927),初名俊卿,字昌硕,号缶庐,人称缶老,浙江安吉人。诗书画印博采众长,自成一家,被誉为四绝,为纵跨近现代的杰出艺术大师。得力于石鼓文,吴昌硕笔力遒劲,气势磅礴,苍劲雄浑,著有《缶庐集》《缶庐诗》《缶庐别存》等。1913年吴昌硕被推举成为西泠印社第一任社长。

周庆云(1866—1934),字景星,号湘龄,别号梦坡,浙江湖州南浔人。平生爱好文史、书画、文物、藏书及著述。

吴昌硕与周庆云交往甚密。周庆云与南浔嘉业堂藏书楼主人刘承干(刘承干曾在北山街建有留馀草堂)曾于沪上发起诗会"淞社",吴昌硕为社中主要成员。浙江省博物馆藏有《吴昌硕为周庆云作超山宋梅图轴》(1923)、《吴昌硕致周庆云信札》《周庆云致吴昌硕诗札》等。

相关记载

民国克士《杭游杂记》:"更前有佛像及七宝泉,泉水甚深,如有云雾,石壁镌吴昌硕题诗三首,中一首云:'前度逢君散百忧,灵峰亭子望湖楼。无端圮我王妃塔,一抹残阳五季收。'"

民国十六年黄权题"天地精华"石刻

释文：天地精华

丁卯菊月，南沙黄权题

概况

石刻位于紫云洞崖壁上，为黄权题于民国十六年（1927）。石刻楷体横行，落款高 0.6 米，宽 1.2 米，其书方笔遒峻，古朴厚拙，结字紧密。

"天地精华"一般为道家所用，形容天地间的灵气、精气。

相关人物

黄权（1901—1972），字威远，广西陆川县清湖镇人，曾随军北伐。

民国十六年程竞民题"半生若梦"石刻

释文：半生若梦

丁卯九秋为余三十诞辰，携妻子来游名胜有感，上海程竞民题

概况

石刻位于紫云洞口崖壁上，为程竞民题于民国十六年（1927）。石刻楷体横行，落款高 0.65 米，宽 1.65 米，用笔方圆兼备，厚拙古朴。

1927 年秋天，上海富商程竞民在自己三十岁生日之际，带妻子游玩杭州。到访紫云洞，回顾前生，竟觉如梦一场，有感而发，留下了"半生若梦"的题刻。

相关人物

程竞民，出生于 1898 年，上海高桥人，富商。在上海高桥有园林"承园"，现为育民中学校址。

相关记载

民国克士《杭游杂记》："迤转入内，复豁然开朗，中供观音佛像，旁有石壁，凿'半生若梦''云崖'诸字迹，斑斓剥蚀，几不可辨。"

民国十七年许小仙题紫云洞石刻

释文：许小仙偕玥芳、海秀来此玩赏，时民国十七年三月

概况

　　石刻位于紫云洞内崖壁上,为许小仙题于民国十七年(1928)。石刻高 0.24 米,宽 0.42 米,结体疏宕,笔势飞动,笔力雄强。

　　1928 年许小仙带玥芳、海秀来到紫云洞,留下纪念性题刻。在西湖边烟霞岭东麓的水乐洞中,有一内容、形制相同的石刻,应为同一次游玩时所题。

相关人物

　　许小仙,一作肖仙,生卒年不详,民国收藏家。有斋堂名道艺室、有墨楼,和张大千交往深厚。1928 年张大千游杭,曾为小仙刻"小仙考藏名迹之章"长方朱文印,及"许氏有墨楼墨宝"正方朱文印。

民国十七年福建省高师范科第一期毕业生游紫云洞石刻

释文：福建省高师范科第一期毕业生参观团游此

戊辰夏

概况

石刻位于紫云洞内崖壁上，其书潇洒古淡，收放自如。高0.3米，宽0.5米。

民国十七年（1928），福建省高师范科第一届毕业生来杭游玩，在此留下纪念性题刻。

"云崖"石刻

释文：云崖

概况

石刻位于紫云洞内崖壁上，作者与年代不详，至少于民国时已经存在。横行之势，结字茂密整练，遒峻深厚。高 0.4 米，宽 1.1 米，字龛外框仿卷轴装饰。

"云崖"，既指紫云洞如云上之山崖，神秘缥缈，又点出了紫云洞因"云"得名。

相关记载

民国克士《杭游杂记》："迤转入内，复豁然开朗，中供观音佛像，旁有石壁，凿'半生若梦''云崖'诸字迹，斑斓剥蚀，几不可辨。"

袁昶题"石洞紫云拂襟袖"石刻

释文：石洞紫云拂襟袖

戊辰春三月，偕门人孙志厚、丹门人曹英才，游憩以志雪鸿。蜀人袁昶

概况

石刻位于紫云洞内崖壁上，为袁昶所题，袁昶生平不详。石刻高0.32米，宽1.2米，笔势婉转，用笔洒脱，刚柔并济，线条流畅。

此石刻是袁昶与门人孙志厚和道人曹英才一同来紫云洞游玩休息，为表纪念而题。

紫云洞洞内岩石为凝灰岩，呈暗紫红色，经洞口阳光照射，加上洞内水汽的反光，宛若紫色云霞，"石洞紫云拂襟袖"一句巧妙地运用这一特点，想象了一番衣袖拂过紫云、飘飘欲仙的场景。

"洞天吟云"石刻

释文：洞天吟云

概况

石刻位于紫云洞崖壁上，题者与年代不详。石刻高 1.2 米，宽 3 米，《集王圣教》，字字珠玑。

"洞天"指紫云洞，"吟云"指的是紫云洞得名的原因，因洞内岩石颜色发紫，阳光照射下宛如紫色烟云，故名"紫云洞"。

邢秀华书刘暹题紫云洞石刻

释文：洞中窥天，天小如掌。

洞中瞰云，云出如佛。

邢秀华书

概况

石刻位于紫云洞内崖壁上,为当代书法家邢秀华题于 1994 年。石刻高 0.9 米,宽 1.1 米,秀逸遒丽,笔致翩翩。

诗文内容出自明代刘遑《湖山叙游》,原文为"穿径过桥,出林落磴,乃见一石,铁色云质,若飞若停者,为紫云洞。从洞中窥天,天小如掌;从洞中瞰云,云出如沸",但此处改"沸"为"佛",为移用之作。

相关人物

诗文作者刘遑生平不详,著《湖山叙游》,署"西山刘遑",或为明代蜀人。

邢秀华,1928 年出生于江苏江阴,别名岵荣,斋名帖岭轩,为当代女书法家。曾任浙江省书法家协会二届理事、西溪书画学会会长、中国书法家协会会员,浙江省高等院校书法家协会顾问,吴昌硕书画会名誉理事等。

○杭州宝石山摩崖石刻集萃

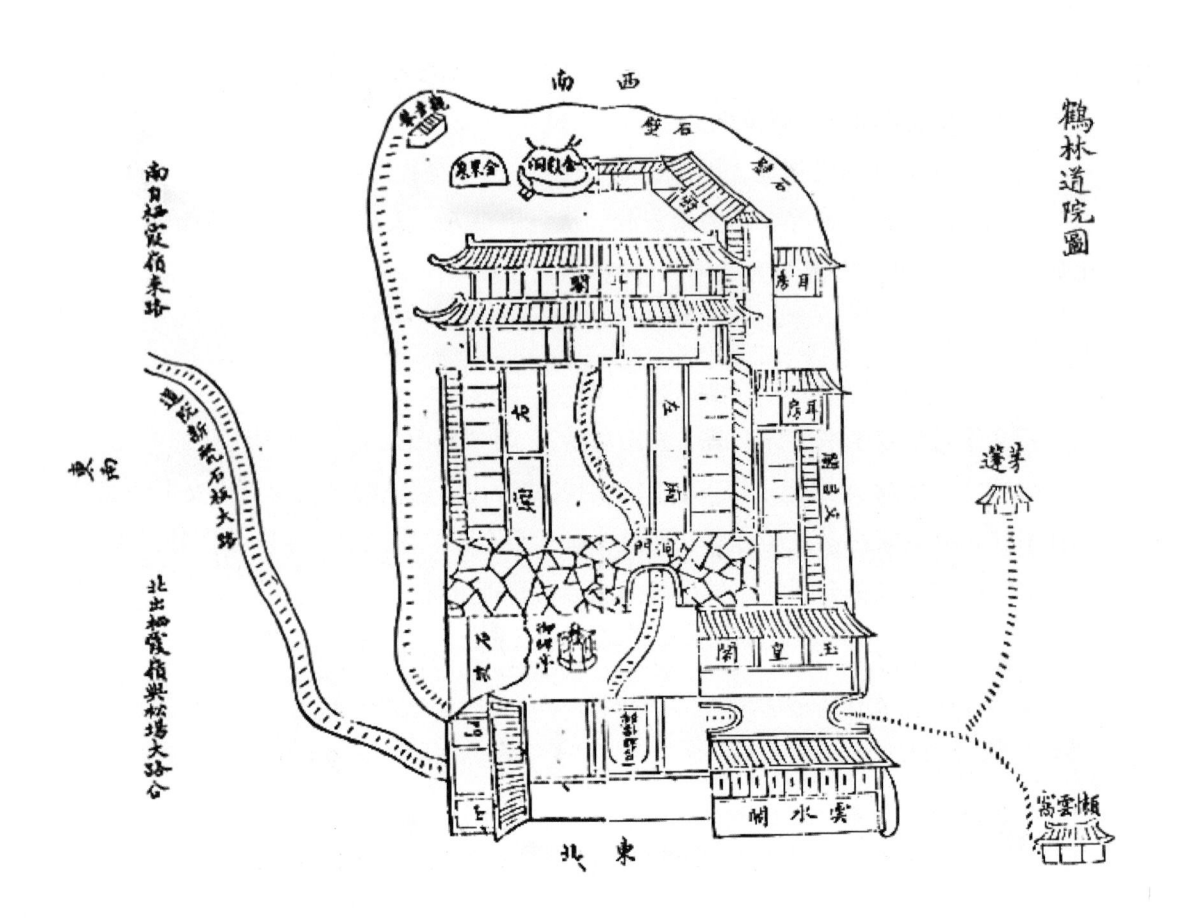

鹤林道院图（清·朱文藻《金鼓洞志》）

金鼓洞区域

金鼓洞，据《西湖游览志》记载"栖霞岭北有金鼓洞，昔人伐石其间，闻金鼓声作，乃止"，故为人工开凿的洞穴。洞在削壁下，宽广如屋，深约十余米。

此地旧有鹤林道院，为清代周太朗真人所创，蔡炼师扩建，累年续有增新。相传鹤林道院有仙迹二，一为吕祖画像，二为"飞来野鹤"题字，自有此二迹，鹤林之名盛于时，金鼓洞区域的石刻即大多刻于此时。

金鼓洞北有归云洞，洞小而窄，洞外岩石嶙峋，多皱叠，如云之驻山，因取名"归云"，今人多称之"银鼓洞"。

明万历三十五年张体明题"特告"石刻

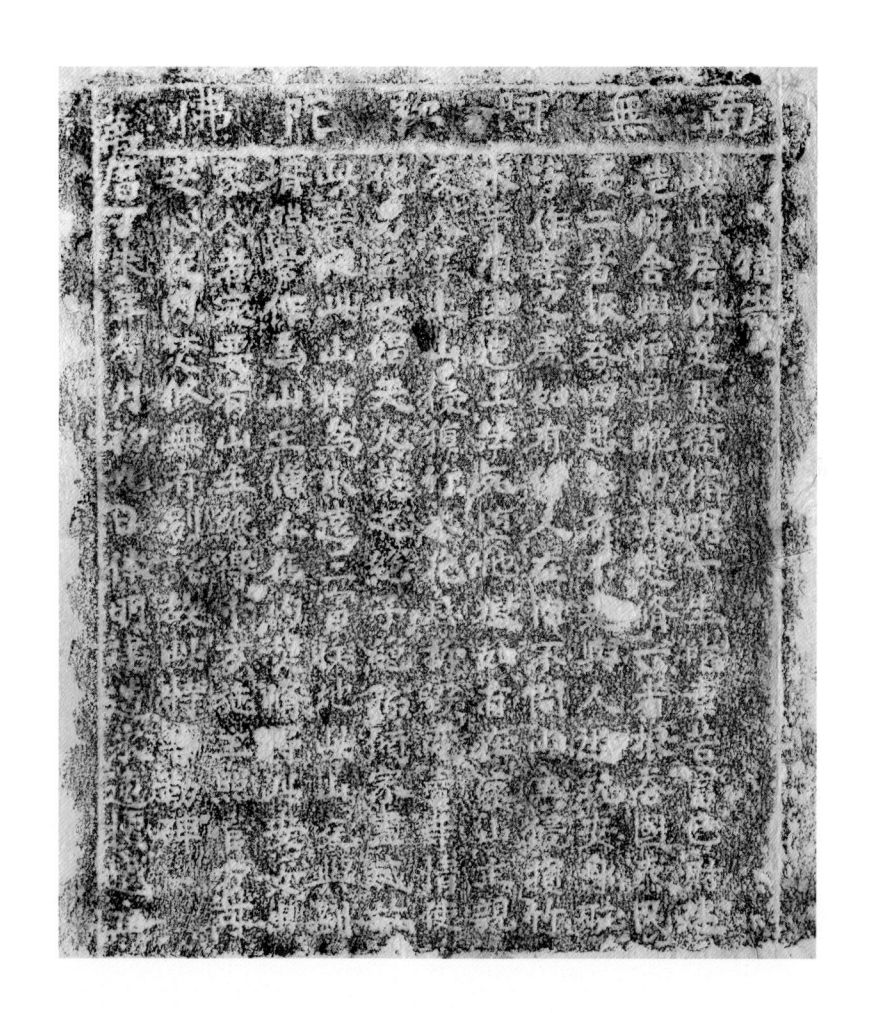

释文：南无阿弥陀佛

特告

此山居系是张衙体明一生吃素，苦当己财，建造佛舍，与僧早晚功课焚修。一者报答国泰民安，二者报答四恩三有，不是与人游玩安身取净作乐之处。如有僧人在内不问山主，侵损竹木等项，生遭王法，死堕地狱。如有在家山主亲友人等，上山侵损竹木花息，拆毁变卖等情，使他男盗女娼，天火焚之，绝子绝孙，倾家尽灭。故此告之。此山作为永远三宝天地。此山交与刘婿照管，作为山主。僧人在内焚修，得此安妥。出家人者，定要有山主□得十方施主照管，方可安心在内焚修，无有别说。故此特告勒碑。

万历丁未年菊月初九日体明建造。永远檀越主

概况

石刻位于金鼓洞旁治安亭下方草丛中,为张体明题于明万历三十五年(1607)。石刻高1.5米,宽0.85米,结体疏朗,线质古朴,气息平淡。

此石刻记录功德主张体明捐资在金鼓洞附近山坡下建造佛舍,供人焚香清修,又订立规矩,警告来人不得侵损竹木,变卖寺产。最后言明将此山交给刘婿照管,作为山主,使僧人在此可安心焚修。

此石刻与观音岩上的石刻约属同一时代,且石刻上下均有莲花纹装饰,形制类似,可见明万历年间此地已有佛教活动。

相关人物

张体明,生卒年不详,据清嘉庆《东台县志》卷二十一记载,张体明为浙江临海县人,万历二十六年(1598)任何垛场(海盐场)捕盗巡监。

明万历四十六年观音岩石刻

释文：奉

　　弟子□叙、广进、广慧、张□□、天慧、大海、智润、闻子光、如荣、智觉、广□

　　万历四十六年四月吉旦

概况

石刻位于金鼓洞上方观音阁崖壁上,为佛教弟子题于明万历四十六年(1618)。线条方折切削,结字紧密。高1.2米,宽0.36米,石刻上下均有莲花纹装饰。

此石刻记录了十一位供奉观音的弟子姓名,石刻左侧有摩崖观音造像和"观音岩"三字摩崖。清代时曾在观音岩上构筑亭子,已毁,现观音岩上遮檐为2009年重建。

相关记载

清朱文藻《金鼓洞志》:"观音岩三字,正书摩崖,在金果泉石壁。直上数丈,有石刻观音坐像。高三尺,旁侍善才、龙女,今盖以亭。"

清赵之谦书"名在丹台石室中"石刻

释文：名在丹台石室中

仁和曹籀来游，葛民先生尝举此七字，命之谦书之，勒于崖石

概况

石刻位于金鼓洞崖壁上，为曹籀择句，赵之谦所书。石刻字龛高0.36米，宽1.50米，此碑布白均整，宽展朗润，在秦篆圆转中掺入方折之意。

"名在丹台石室中"语出《列仙传》："紫阴真人周季道遇羡门子，乞长生诀。羡门子曰：'名在丹台石室中，何忧不仙？'"

相关人物

赵之谦（1829—1884），初字益甫，号冷君，后改字㧑叔，中年后始名赵之谦，浙江会稽（今绍兴）人。历官江西鄱阳、奉新、南城等知县，多有作为。能诗文、工书擅画、精篆刻，融篆刻、书法、绘画三者于一体。著有《六朝别字记》《四书文》《二金蝶堂印谱》等，辑有《江西通志》。

清嘉庆元年陈希濂题诗石刻

释文：乳洞閟寒色，莓苔满目斑。清泠泉出窦，曲折屋藏山。野鹤有时至，闲云何处还？红尘飞不到，白日掩松关。

嘉庆元年陈希濂题

概况

　　石刻位于金鼓洞崖壁上，为陈希濂题于清嘉庆元年（1796）。石刻字龛高 0.32 米，宽 0.30 米。隶书，线条凝练而浑朴，结字方整，字口斑驳增加了滞涩感与厚重感。

　　石刻主要描写金鼓洞的出尘世外之景。石洞幽寒满覆青苔，偶有野鹤飞至，金果泉自洞内流出，清澈寒凉，白云悠悠，山间隐约可见小屋。

相关人物

　　题者陈希濂，字秉衡，号澉水，浙江钱塘（今杭州）人。嘉庆三年（1798）举人，年五十选县令，殁于京邸。工隶书，善花卉，颇得陈道复精髓，著有《西湖棹歌》，精通鉴赏，喜收藏。陈希濂与金鼓洞内另一石刻作者金菜为好友，两人共编《清啸阁帖》。

相关记载

　　此石刻诗文收录于清嘉庆朱文藻编纂的《金鼓洞志》卷二，题为"金鼓洞诗"。

清嘉庆二年金棻题诗石刻

释文：爱此洞天好，徘徊遂移时。松风一以来，金鼓声依稀。返听任喧寂，游心忘是非。如何洞口云，不向洞中归。

嘉庆二年冬十二月三日，钱塘金棻题石

概况

  石刻位于金鼓洞崖壁上,为金棻题于清嘉庆二年(1798)。石刻字龛高 0.50 米,宽 0.42 米,其书工整典雅,笔法淳和,结字平正,风神流宕。

  石刻描写了诗人在金鼓洞流连忘返的情景。风吹过松树时,仿佛还能听到金鼓洞早年间的金鼓声,诗人沉醉于此景,不仅忘记时间,也忘记了是非烦扰。此诗收录于清嘉庆朱文藻编纂的《金鼓洞志》卷二。

相关人物

  金棻,字耐田、诵清,钱塘(今浙江杭州)人,监生,候补员外郎。金棻生于富贵人家,喜欢书画收藏,工书法,所至山水胜处,多有题名。金棻与金鼓洞内另一石刻作者陈希濂为好友,两人共同编纂成《清啸阁帖》两册。

相关记载

  此石刻诗文收录于清嘉庆朱文藻编纂的《金鼓洞志》卷二,题名为"金鼓洞诗"。

◎杭州宝石山摩崖石刻集萃

清关槐题"归来一鹤"石刻

释文：归来一鹤

关槐题

概况

　　石刻位于金鼓洞崖壁上，为清代画家关槐所题。石刻高约 5 米，宽 1.5 米，线条静穆而雄浑，体势有颜字的宽博，显得端严劲实，圆转飘逸。

　　石刻与金鼓洞野鹤的传说及鹤林道院有关，传说金鼓洞古时多野鹤，清康熙年间全真教龙门派道士周太朗在金鼓洞开创鹤林道院，其缘起就是"野鹤无巢处，云游天地间。只求真种子，至此好收元"，认为金鼓洞环境与道家仙境颇类。后鹤林道院兴盛原因也是道院此时出现了两个"仙迹"：一是吕祖（吕洞宾）画像，二是"飞来野鹤"四字草书，字体像梵书的贝叶经，一时传为吕洞宾仙笔。

相关人物

　　作者关槐（1749—1806）为清代著名画家，字柱生，号晋轩，晚号青城山人，仁和（今杭州）人。关槐为乾隆四十五年（1780）传胪，官翰林院编修，礼部侍郎，供奉内廷。诗文翰墨卓尔不群。善山水，画法苍浑，墨色秀润，具有典型院画风格，有《群仙胪祝轴》《溪山秋爽轴》等。乾隆第五次下江南时，关槐曾献《大清乾隆朝西湖行宫图》，此图现藏于西湖博物馆。

相关记载

　　清嘉庆朱文藻《金鼓洞志》："又'归来一鹤'四字，关槐题"；"（金果泉）泉上石壁有摩崖诗刻，崖之巅有亭，为观音岩洞。"

清嘉庆十一年赵魏题《归云洞题名》石刻

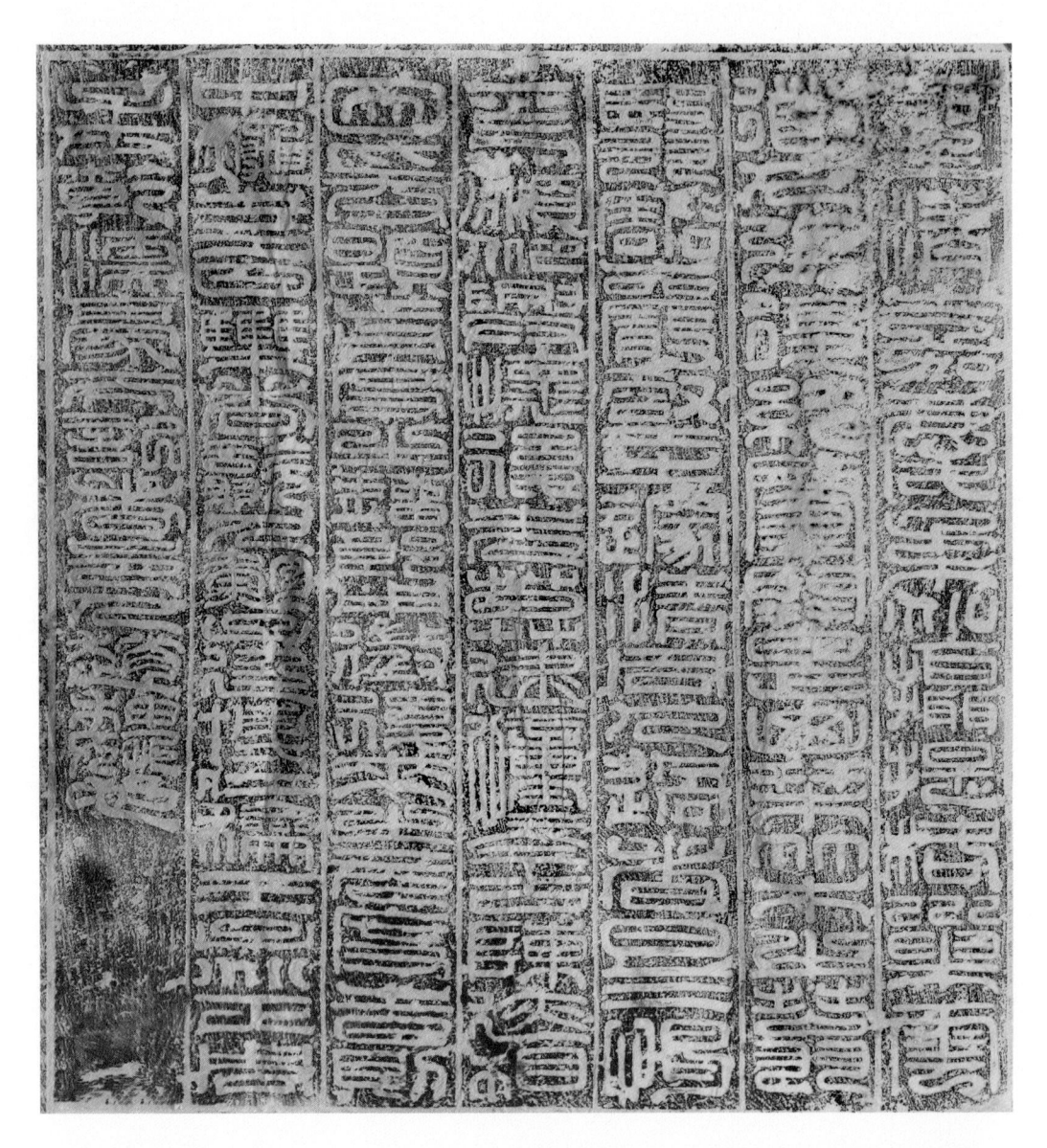

释文：圣清嘉庆柔兆摄提格，巢云 / 道人张复纯肇开是山，刊竹木之蓊 / 翳，豁岩壑之邃清。同人过者日三愒 / 焉。俯仰兴怀，后先莫逮，憧憧今古，陈迹相 / 因。爰题前度之刘郎，用征后来之元度。时则 / 中秋之丑日，集者歙人鲍子廷博、仁和王子兆正、周 / 子士乾。濡毫而记者，邑人赵魏也。

概况

石刻位于银鼓洞崖壁上，为赵魏题于清嘉庆十一年（1806）。楷书，线质厚实，结体端正。高1.2米，宽1.6米。石刻为摹印篆，形式独特，字法排列按印之章法，均匀布置，或二字占一位，或一字占二位，篆法精湛，用笔奇巧，或为西湖摩崖题刻独例。

石刻记载了金鼓洞巢云道人张复纯修葺金鼓洞之后，赵魏与友人鲍廷博、王兆正、周士乾中秋在此集会怀古。"柔兆摄提格"为太岁纪年法，"柔兆"为丙，"摄提格"为寅，意即清嘉庆丙寅年（1806）。

银鼓洞旧名归云洞，《金鼓洞志》记载归云洞在鹤林道院之左，洞小而浅，洞外石骨嶙峋，文多皱叠，如云之驻山，因此名为"归云"。归云洞清朝之前未见记载，张复纯修葺之后始见题咏。西湖周边另有一处归云洞，在紫阳山。

题刻中提到的张复纯，字健修，号巢云，为杭州金鼓洞鹤林道院道士，也是龙门派第十四代复字辈住持，募刊《金鼓洞志》。

相关人物

赵魏（1746—1825），字恪用，号晋斋，杭州人，嘉庆庚辰年（1796）贡生。赵魏博学嗜古，尤工篆隶，擅画，有"鬼工"之称。长于碑版考证，收藏商周彝器及汉唐碑本，著有《古今法帖汇目》《竹崦庵碑目》等。

同游者鲍廷博、周士乾、王兆正等人皆为清代乾隆年间文人画家。鲍廷博（1728—1814）字以文，号禄饮，安徽歙县人。因其所写的《夕阳诗》极为出名，被称为"鲍夕阳"。是清朝藏书家，以书为命，献身古籍整理和刻书事业，所刻之书主要有《知不足斋丛书》等。

周士乾为清代乾隆年间画家，字松泉，浙江钱塘（今杭州）人，擅画山水，画面布局稳妥，笔墨苍劲秀美，设色淡雅，有《长江无尽图》。

王兆正，字圣俞，号钝铁，钱塘（今杭州）人，擅诗文，精奇门遁甲，尤精通医术，图书满室，但诗文已散佚。

相关记载

此石刻诗文收录于清嘉庆朱文藻编纂的《金鼓洞志》卷二，名为"归云洞题名"。

清道光二十三年曹籀书《金鼓洞铭》石刻

释文：金鼓洞铭

空山风日翏翏，太初／岩谷振响。金鼓出，虚／似扪，孔壁疑藏禹书，／药炉丹灶仙人之居。／

道光二十有三年，岁／在癸卯冬十二月朔，／仁和曹金籀撰并书

概况

　　石刻位于金鼓洞崖壁上，为清代学者曹籀题于道光二十三年（1843）。石刻字龛高 1.02 米，宽 0.80 米，摹印篆风格，布白均整，宽展朗润。

　　石刻写金鼓洞如今寂静之景，想到金鼓洞当初所传金鼓之声。"孔壁"原指孔子故宅的墙壁，据传古文经出于壁中，"禹书"指《山海经》，仙人也在此架起丹灶药炉的居所，称赞金鼓洞神秘幽寂。

相关人物

　　作者曹籀（1800—？），字葛民，号柳桥，浙江仁和（今杭州）人，清代学者，诗人。少时工于词句文章，到了三十岁后一心治经，尤致力《春秋》。曹籀父亲生于金氏家族，寄食于曹家，于是复姓曹金，因此曹籀又名金籀。

清光绪二十八年程铭敬金石游金鼓洞石刻

释文：吴县程铭敬、会／稽金石，光绪壬／寅二月游此

概况

　　石刻位于金鼓洞崖壁上，为程铭敬、金石题于清光绪二十八年（1902）。石刻高1米，宽0.6米。篆书，用笔大胆运用魏碑的笔意，略含侧锋之势，结字茂密，风姿绰约，别有格调。

　　清光绪年间，程铭敬、金石二人来到西湖金鼓洞游览，留下了纪念性题刻。南高峰烟霞洞茶室区域有一方相似石刻，内容为"光绪壬寅二月，吴县程铭敬、会稽金石来此"，篆书竖列，应为同一时间所作。

相关人物

　　程铭敬，字以庵，号忆云，江苏吴县（今苏州）人，清光绪二十年（1894）举人，官浙江知县，著有《怡情适性册》。

　　金石（约1846—1904），初名百岩，字夔伯，号石翁，长于山水画，善诗词书法，所作篆隶，能直追秦汉，有《蔗畦词》等。

民国八年张钧衡游金鼓洞石刻

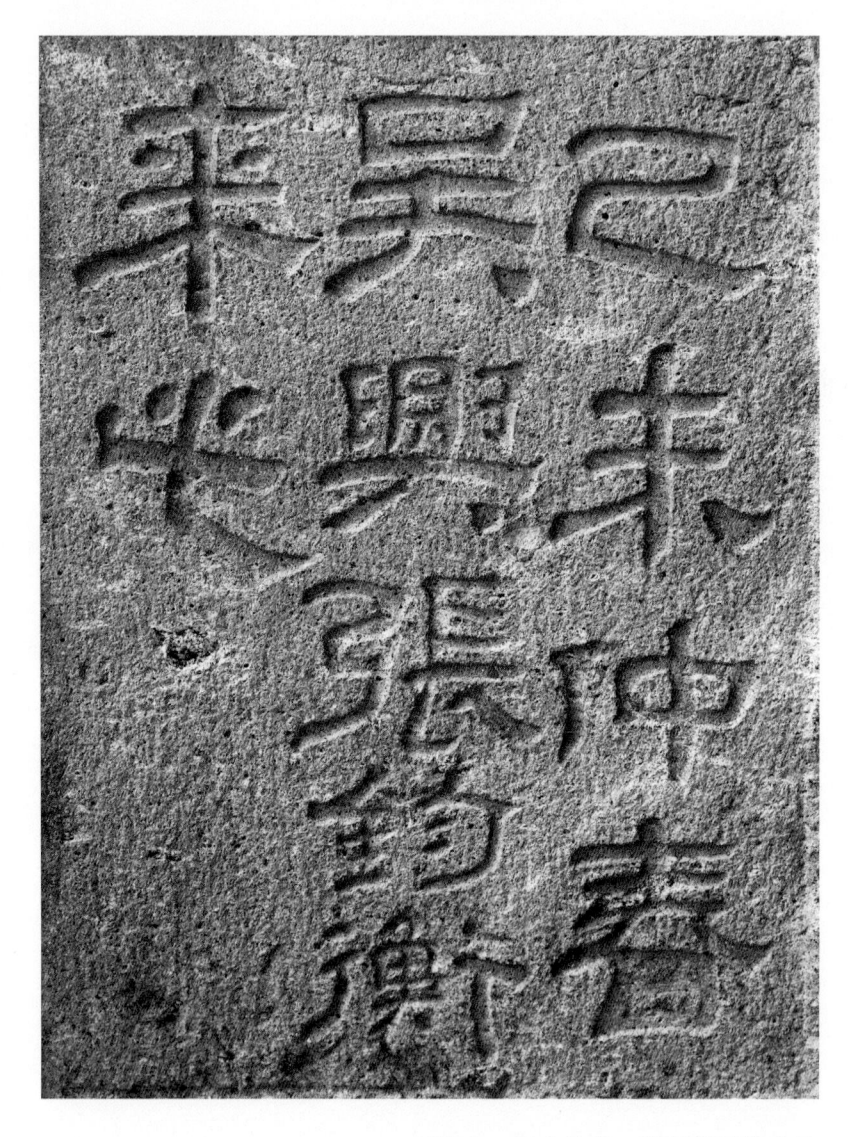

释文：己未仲春，吴兴张钧衡来此

概况

　　石刻位于金鼓洞崖壁上，为张钧衡题于民国八年（1919）。石刻高0.8米，宽0.56米，结字平正，笔法淳和，线条厚实。

　　1919年农历二月春，张均衡来到西湖游览，寻访金鼓洞，留下了纪念性题刻。玉皇山慈云岭古道一侧有一方相同的石刻，内容亦为"己未仲春，吴兴张钧衡来此"，结字平正，笔法淳和，线条厚实。另宝石山葛岭抱朴道院下方假山上，有一方内容相同但字体为楷体的张钧衡石刻。

相关人物

　　张钧衡（1872—1927），字石铭，号适园主人，吴兴（今湖州）南浔镇人，著名文物收藏家，清朝光绪二十年（1894）中甲午科乡试举人。家中为南浔巨富，生平喜爱书籍，筑适园，藏书十余万卷，编有《适园藏书志》。张钧衡也是杭州西泠印社的发起人和赞助人，并与吴昌硕、王福庵等文人名士交往甚密。张钧衡曾在断桥东有别墅名绿柔湖舍，又名志水堂，今已不存。

"金果泉"石刻

释文：金果泉

概况

　　石刻位于金鼓洞崖壁上，题者不明，年代不详，最迟至清代已经存在。石刻高 0.36 米，宽 0.8 米。隶书，其笔法凝练浑朴，结字方整而宽博，线质厚实，收放自然。

　　金果泉，据《金鼓洞志》记载当时鹤林道院全院饮茶烹饪都有赖于此，清嘉庆时已为道院胜迹，有颇多文人题咏。清韩震还曾作《金果泉解》，提出当时采樵者听到并非金鼓之声，而是金果泉的泉水声。梁敏事有诗记此："飞泉漱玉一泓清，金果如何金鼓名。洗尽尘心兼洗钵，银河疑向九天倾。"

　　栖霞岭的岩石主要为火山岩，涌出的泉水多含有各类矿物质，使得金果泉泉水入口甘甜。由于水自源头经岩层之下而来，因此可以常年维持一定的水量。夏季时，金果泉上常有白雾缭绕，也是因为地下水水温低，遇热空气形成水雾，近年于此处取水的人仍络绎不绝。

相关记载

清嘉庆朱文藻《金鼓洞志》:"在金鼓洞右。石壁镌'金果泉'三字,八分书,不署年月及书者姓名。泉自洞中流出,涵为一池,不溢不竭,清可鉴发。泉中有游鱼数头,或出或没,道人斋罢投饭颗其中,辄聚而啖之。泉味清冽,与白沙泉埒,然诸家志乘皆未载。近年始为游人所称,遂形诸题咏。"民国钟毓龙《说杭州》亦有相似记载。

赵世茂题诗石刻

释文：昔日开山不记年，乾坤旷朗聚众仙。寻岭游玩傲古洞，外是云窝内有泉。

丙申夏日赵世茂偶题

概况

  石刻位于金鼓洞崖壁上，为赵世茂所题，年代不明，作者生平不明。石刻字龛高0.32米，宽0.78米，线条挺拔，刚韧有力，借二王体势，抒写己意。疏密处理得当，点画呼应自然。

  该石刻为赵世茂于丙申年夏日游访栖霞岭，遇金鼓洞有感而发所题。诗句上片想象了金鼓洞的由来，虽然不知道金鼓洞的确切形成时间，但可以想象当时众仙聚于此地的盛况。下片"外是云窝"说的是位于紫云洞和金鼓洞间的懒云窝。懒云窝四山围合，竹木掩映，金志章写"道人常闭关，心与云俱懒"。"内有泉"指的是金鼓洞右的金果泉。

相关记载

民国胡祥翰《西湖新志》:"《西湖游览志》但称金鼓,昔人伐石云云,而不言何时伐石。据《玉牒初草》:嘉定中,诏临安府,北山剑门岭毋得伐石,虑泄山川之气。知伐石事在宋嘉定时。"胡祥翰依据古史记载,推断金鼓洞的开凿年代当在宋嘉定年间(1208—1224)。

○杭州宝石山摩崖石刻集萃

黄龙洞区域

黄龙洞在栖霞岭后扫帚坞,唐时为内侍黄氏园,南宋理宗淳祐五年(1245),僧人慧开卓锡于此,经略花园使孟珙建护国仁王禅寺。《淳祐临安志》载"旧为内侍黄氏园,淳祐中,僧慧开鬻地建寺于洞下",《咸淳临安志》"慧开禅师休粮禅定于隆兴黄龙峰顶,自是,所至祷雨辄应。孟少保珙为捐金买地建寺"。《西湖游览志》记载"曩夏雨初霁时,常有神物蜿蜒卧松上,其气苇苇然而黄,盖黄龙也,故号黄龙洞"。

黄龙洞在宋、元、明、清皆为佛教胜地。清乾隆皇帝多次游寺,题诗作文,清代"黄龙积翠"为杭州二十四景之一。民国初广东罗浮山冲虚道观道士将此地改造为道观,现为公园。

屠子芳题"灵济侯黄龙王"石刻

释文：灵济侯黄龙王

□寅十年中秋日，屠子芳刻

概况

石刻位于黄龙洞景区，为屠子芳所刻，屠子芳生平不详。石刻高 0.7 米，宽 0.24 米。结字平正，点画劲挺，收放有度，线条提按变化丰富，给人一种质朴之感。

据传宋淳祐年间，有僧人慧开卓锡于此。大旱时，宋理宗每召慧开祈雨，皆能应，因此封慧开为灵济侯。明田汝成《西湖游览志》卷九："琪既建仁王寺，并作龙祠，延高僧慧开居之。属岁又旱，理宗召慧开祈雨，退而默坐。帝遣内侍问之，对曰：'寂然不动，感而后通。'既而大雨。自是无雨辄祷，祷辄应，遂封黄龙为灵济侯，赐祠额曰护国龙祠。"

慧开（1183—1260），字无门，钱塘（今杭州）良渚人，宋代禅僧，临济宗杨岐派。自幼出家，先后在安吉报国寺、苏州万寿寺等地为僧，后到隆兴府黄龙山黄龙寺修行，晚年回到杭州黄龙洞居住。

相关记载

清朱文藻《金鼓洞志》："洞门外左壁摩崖，正书。居中一行云'灵济侯黄龙王位'，旁题云：'□寅十年中秋，屠子芳刻。'寅上泐一字，又非年号。余考自宋淳祐五年，建护国仁王院以后，迄于明末，惟元顺帝至正十年为庚寅岁，则黄龙王之位当刻于是年。此必因龙祠既圮，山人不废龙神之祀，刻此位以代龙神栗主也。灵济侯即淳祐所封黄龙神爵号，详见后卷。右壁高处有正书题名一段，漫漶不能读。朱炼师眼明谛视之，云：'金陵□□、吴琳，雪北李竽，桐川薛可知同游。时淳祐壬子孟夏。'壬子为淳祐十二年，龙祠建于淳祐八年，则此来游者，正当新建龙祠之时矣。此下隐隐尚有题名一段，不能辨矣。此洞霾翳荆棘中，久无人披榛而至者。余忆弱冠之年，尝独游信步至此题字，谛观一过，至今垂五十年。因修道院志，追想及之，始得详考而录于此。"

民国十四年康有为书"白沙泉"石刻

释文：白沙泉

乙丑夏四月，康有为

概况

该石刻位于白沙泉上方假山中，为康有为题于民国十四年（1925）。石刻高0.65米，宽1.36米。其书奇肆高蹇，用笔方圆兼备，结字疏宕敧侧，落款"康有为"曾被涂抹，现题款为近年集康有为字修补而成。

该石刻为康有为晚年寓居杭州时所题，线条老辣洒脱，极具碑味。据《湖山便览》卷五记载，白沙泉为"剑门关西北岭下，明万历中筑墓者偶凿得之，泉甘而白，甲于诸山，取汲者争喧如市，其旁有白沙庵"。清代藏书家吴焯《白沙泉》描述此泉："才度栖霞岭，来寻白乳泉。云生石镜里，山断玉潭边。留客赏秋月，为琴弹水仙。老僧频汲取，松下剩寒烟。"西湖白沙泉有二，另一处在灵隐，有泉自白沙出。

相关人物

　　康有为（1858—1927），字广厦，号长素，广东南海（今广东佛山）人，中国近代改良派代表人物。戊戌变法后直至民国政府建立，流亡海外的康有为才得以回到国内。归国后，康有为曾在杭州长住，在西湖旁丁家山上筑有"康庄"，又名"一天园"，小屋三楹，后毁于战火。康庄之地为蕉石山房遗址，多奇石，宜鼓琴，现此地还有一方民国九年（1920）康有为所题石刻"蕉石鸣琴"。

著录

　　民国钟毓龙《说杭州》："又白沙泉上有石刻'白沙泉'三字，为康有为所书。"

　　民国陆费执《实地步行杭州西湖游览指南》："白沙泉在金鼓洞右，石壁镌康有为书'白沙泉'三字，泉自洞中流出，甘而白，涵为一池，不溢不竭。"

　　民国克士《杭游杂记》："过紫云洞约半里，有白沙泉，寒泓一勺，澄清可鉴，上有石勒，镌'白沙泉'三字，惜地处途中，半委榛莽，倘年久碑蚀，将无人能辨矣。"

民国十七年邓炽昌记大庵居士书"万花一气"石刻

释文：万花一气

黄龙洞重兴，为植梅多本于最高处，示不忘我故山罗浮道气。

戊辰仲冬番禺邓瑞人记，大庵居士书

钤印："大庵居士"

概况

石刻位于黄龙洞景区圆缘台旁，为邓炽昌记、易孺书于民国十七年（1928）。石刻通高0.8米，宽3.5米。篆书，笔力浑厚，行笔流畅。碑文雄浑，体态丰腴朴茂。

这块石刻与民国年间黄龙洞景区之地被卖给广东罗浮山冲虚道观的历史有关。当时黄龙洞日渐荒废，广东罗浮山冲虚观道士来此，见到这里与罗浮山的黄龙洞相似，犹如回到了故里。因此在沪杭广州籍人士支持下，将黄龙洞改造成为幽静的道家清修之地，与罗浮山冲虚道观遥相呼应。此石刻记录了1928年间广东籍人士重兴黄龙洞，并植梅花于最高处，以不忘故乡罗浮山道气的事迹。

相关人物

邓炽昌，民国初年黄龙洞改为道教之地的两位主要出资人之一，又名邓瑞人，广东番禺（今属广州）人，曾隐居西湖南阳小庐，后为国民革命军十九路军的领导人之一。

易孺（1874—1941），初名廷熹，字季复，后更字孺，号大庵，广东鹤山人，南社社员。精词学、音乐、书画、篆刻，因信奉佛教净土宗，并茹素多年，故亦号大庵居士。著有《大庵词稿》。

民国十九年佘农书"卧云洞"石刻

释文：卧云洞

蜀东铁峰山人佘农书，时年八十三

概况

石刻位于黄龙洞景区卧云洞旁，为佘农题于民国十九年（1930）。石刻高1.2米，宽3.5米，中宫敛结，长笔四展，欹侧变化，不受羁束。

卧云洞长30多米，宽仅数米，有二口相通，洞形狭长似龙，为火山岩坍塌岩洞。

相关人物

此石刻作者佘农（1847—　），字铁峰，近代画家。

○杭州宝石山摩崖石刻集萃

香山洞区域

　　香山洞位于栖霞岭南麓，初始开凿年代待考，民国时期为香山寺所有。洞浅，最深处约为4.5米，石质坚硬。洞门由块石垒砌，拱形，门楣上嵌石碑刻"香山洞"三字。

　　清同治九年（1870），俞樾曾往游览，在其《春在堂随笔》中写道"香山洞，无可观览"。不过到了清末民国初年，北山一带大规模营建，又随第一届西湖博览会而繁盛，香山洞及洞旁筑建的香山寺也随之兴盛，洞内的石刻便集中凿刻于这一时期。

民国二十一年王邈达书心圆镌"回头是岸"石刻

释文：回头是岸

栖霞系

释文：民国二十一年孟冬之吉，因建极乐大殿，并设莲社，功成纪念，古剡王逸达篆

　　　护法弟子圣航乐助，惭愧僧心圆敬上石

概况

　　石刻位于香山精舍香山洞外崖壁上，为僧人心圆邀王邈达篆于民国二十一年（1932）。石刻高1.3米，宽6.25米，"回头是岸"，行笔流畅，结字婀娜多姿，重心偏高，清篆一路写法。左碑，端庄大方，右碑，法度平谨。

　　石刻为纪念香山精舍重修成功所刻，由王邈达篆书，心圆敬造。惭愧僧出自《十轮经》中，有四种僧的说法，一为胜义僧、二为世俗僧、三为哑羊僧、四为无惭愧僧，"惭愧僧"是高僧自谦的一种说法。心圆为香山洞住持，主持重修了香山精舍，后闭关三年。

相关人物

　　篆者王邈达（1878—1968），本名孝俭，一名若图，字盎叟，号覆船山农，浙江嵊县（今嵊州）人。早年王邈达就读于杭州紫阳书院，本业儒，博通经史，尤精《周易》。后弃儒从医，二十七岁后至沪、杭等地应诊，盛名远扬，著有《汉方简义》等医书。1922年，王邈达由上海迁居杭州，借房居住并开设诊所，因以处方一剂治愈富商重病而被誉为"王一帖"。

　　心圆，生卒年不详，为香山寺住持。续范亭在其《未了生死记》中写道："香山洞住持曰心元，年方三十余岁，闭关三年方毕，亦皈依净土，常与谈论，颇不寂寞也。"

民国二十五年续范亭题"尽此一报"石刻

释文：尽此一报

民国念五年，山右续范亭题

概况

　　石刻位于香山精舍香山洞南侧崖壁上，为续范亭题于民国二十五年（1936）。石刻距地面 1.1 米，字龛高 0.6 米，宽 2.03 米，字径 0.43 米见方。"尽此一报"四字带行书笔意，线条厚重，法度严谨，端庄而灵动。

　　1935 年，续范亭在南京拜谒中山陵时悲愤地写下了《哭陵》一诗，并在中山陵前剖腹自戕，要求抗日。被救后赴杭州疗养，此石刻就是他在杭州香山精舍疗养时，为抒发个人抱负和爱国情怀所题。

　　续范亭获救之后曾短暂皈依净土宗，研究佛学。然而佛学并不能救国救民，因此他很快又打消了出世的念头，回到现实生活中来。续范亭在杭州接触到了马列著作，思想逐渐积极，1936 年秋，杨虎城来到香山洞邀他赴西北共谋抗日，续范亭毅然决定北上抗战。动身之前，他特地请工匠在香山精舍香山洞内镌刻下"尽此一报"四字，以志纪念。

相关人物

续范亭(1893—1947),山西省崞县(今原平市)西社村人,著名抗日爱国将领、诗人。早年参加孙中山领导的同盟会,即献身于民族民主的革命事业,后与共产党人合作创建山西新军。

相关记载

民国续范亭《未了生死记》:"陵园不死颇悔恨,中央医院医治六十五日,挹江饭店住二十余日,无锡梅园住二十余日,苏州住二十余日,五月四日来西湖,住东南饭店三日,以游紫云洞遇一人,指点来居香山洞,颇畅适。故拟为笔记,未知能否贯彻也。予早将生死利害关系打破,惟善恶之关未能过。多病而愤世,故有陵园之事。"

图书在版编目（CIP）数据

杭州宝石山摩崖石刻集萃/刘洁编.——杭州：
浙江古籍出版社，2022.4
 ISBN 978-7-5540-2175-0

Ⅰ.①杭… Ⅱ.①刘… Ⅲ.①摩崖石刻—汇编—杭州
Ⅳ.①K877.49

中国版本图书馆CIP数据核字(2021)第249727号

杭州宝石山摩崖石刻集萃
刘　洁　编

出版发行	浙江古籍出版社
	（杭州体育场路347号 电话：0571-85068292）
网　　址	https://zjgj.zjcbcm.com
责任编辑	翁宇翔
责任校对	安梦玥
责任印务	楼浩凯
设计制作	浙江新华图文制作有限公司
印　　刷	浙江海虹彩色印务有限公司
开　　本	787mm×1092mm 1/16
印　　张	13.25
字　　数	130千字
版　　次	2022年4月第1版
印　　次	2022年4月第1次印刷
书　　号	ISBN 978-7-5540-2175-0
定　　价	198.00元

如发现印装质量问题，影响阅读，请与本社市场营销部联系调换。